师者，传道授业解惑也。

萬卷诗书宜子弟
十年樹木长風雲

语文教育家口述实录 贺
柳斌

著名教育家、教育部原总督学、原国家教委副主任柳斌题词

教育部原副总督学、中国教育学会原常务副会长郭振有题词

丛书编委会

蔡澄清口述

点拨教学法的前世今生

蔡澄清 口述
徐赟 整理

当代中国语文教育家口述实录（第一辑）

主编 任彦钧 刘远

广西教育出版社
中国·南宁

蔡澄清先生

总序

数学大师华罗庚先生有一句名言:“语文天生重要。”关于语文这种天然的重要性，本丛书编委会主任顾之川教授曾从三个层面进行精准阐述。

1. 对个人来说，语文关乎个人全面发展。一个人的修养、气质、精神的形成，离不开语文，所谓“腹有诗书气自华”；其学识、思维、思想，更要靠语言文字的应用能力、文学审美能力和深厚的文化积淀。

2. 对社会来说，语文直接影响到人与人之间的交流与沟通，是个人参与社会的重要手段。无论是与别人的沟通合作，还是参与社会活动、承担社会责任，都需要较强的表达交流能力。

3. 对国家来说，语文关乎国家安全与国家尊严，也往往代表着国家形象。……基础教育中的语文教育是国家语言战略的重要内容，体现着国家的文化软实力。语文固然是中小学阶段的一门学科，是中考、高考的必考科目，但语文更是我们的民族之魂、文化之根、精神之源，是实现国家认同、国际理解的基础。①

20 世纪 80 年代以来，随着真正具有现代意义的语文学科地位、性质、特点、功能、作用的日渐厘清，在我国，无论是在中小学语文教学第一线，还是在高等院校语文教育研究领域，抑或是在语文教材研制、语文报刊出版、语文考试改革等方面，都涌现了一批贡献非凡、令人敬仰的语文教育家。他们深悉语文教育之于个人发展、社会发展和国家发展的重要性，一直抱持着神圣的使命感、崇高的责任心、源源不断的爱和激情，并为之孜孜矻矻，上下求索，谱写教改新篇，播撒智慧火种，培育时代英才。

遗憾的是，迄今业界虽然从不同维度对这批语文教育家的业绩、学说等进行了多元研究，却几乎没有人系统地观照或发掘他们作为当代中国语文教育发展的见证者、观察者、思考者、探索者的心灵史、生活史和学术史，从而导致我们不但对他们丰富多彩的生命历程缺乏动态把握，而且对当代语文教育波澜壮阔的改革潮流缺乏深度体认。更遗憾的是近年来，他们中不少人已驾鹤西去，健在者也都进入古稀乃至耄耋之年。当此之际，以口述实录的形式，对这些生命之树常青的语文教育大家的所见所闻、所思所想进行盘点、梳理、总结，既可弥补当代中国语文教育史料的不足和缺憾，也可让当代中国语文教育研究变得更具现场感和厚重感。

基于以上认识，2018 年 9 月，根据广西教育出版社的提议和部署，我们正式启动“当代中国语文教育家口述实录”丛书的策划和编写工作，并在北京邀请部分专家、作者代表和国家级媒体记者，隆重举行了本丛书编写研讨会。

会上，我们初步确定了入选本丛书的首批语文教育家名单，遴选标准如下：

1. 入选者在语文教育界有着卓越建树和广泛影响力。

---

① 顾之川：《顾之川语文教育新论》，陕西师范大学出版总社，2016，第 4—5 页。

2. 入选者以中小学名师为主体，适当兼顾高校学者、出版家、考试命题专家等。

3. 入选者年龄为70周岁以上，且目前依然保持良好的记忆力、表达力和身体状态，能配合口述实录工作，能提供较为完备的相关资料。

4. 入选者可以物色到得力人士，承担口述实录任务。

与此同时，我们也对口述实录任务承担者的资质等提出具体要求：

1. 热爱语文教育事业，熟悉当代中国语文教育发展历程。

2. 能近距离接触入选本丛书的语文教育家，并能与其愉快交流和深度沟通。

3. 具备对笔录、录音、录影等所得史料进行整理、加工、核对、增补的能力。

为确保本丛书的权威性和专业性，我们郑重邀请著名教育家、教育部原总督学、原国家教委副主任柳斌先生担任总顾问，邀请教育部原副总督学、中国教育学会原常务副会长郭振有先生担任学术顾问。他们不仅亲临本丛书研讨会，而且欣然命笔为本丛书题词。此外，我们邀请哥伦比亚大学口述历史专业硕士、口述实录畅销书作家范海涛女士担任技术顾问，并在本丛书研讨会上对首批作者进行了专业培训。在此一并表示衷心的感谢！

我们还需要真诚感谢各位入选的语文教育家、口述实录任务承担者、编委会成员以及广西出版传媒集团、广西教育出版社有关领导和工作人员，正是大家齐心协力、精益求精，才有了本丛书的高品位、高质量和成功问世。

当今，语文教育已经大踏步跨入新时代。愿入选本丛书的语文教育家的心灵史、生活史和学术史，能在当代中国语文教育界继续发挥先导和鞭策作用，果如此，本丛书的出版便有了启迪智慧、激励人心的意义，也有了登高望远、继往开来的意义。

由于本丛书的编辑出版是一项具有抢救历史、填补空白特点的浩大工程，任务重、难度大，尤其是预先遴选的语文教育家年事已高，有的不得不中途延后，有的甚至溘然长逝，因此，我们只好一再调整计划，工作中也难免存在种种疏漏和失误，敬祈读者充分谅解并不吝指正。

“当代中国语文教育家口述实录”编委会

2019 年 9 月

序言

陈军

彦钧兄和广西教育出版社约我参编“当代中国语文教育家口述实录”丛书，我深感荣幸。在讨论丛书启动工作时，蔡澄清先生作为当代语文界现象级、标杆性人物之一，自然成为我们首批关注的教育家。这里边不能说没有感情因素，因为蔡澄清先生是彦钧兄一向敬仰的师长，也是指导我近40年成长的导师；但更重要的是，蔡澄清先生的教育人生，十分具体、生动、深刻地揭示了一位为当代中国教育做出重大贡献的教育家的基本特点。为什么说在全国基础教育界特别是中学语文教育界，蔡澄清先生是大家公认的教育家呢？虽然我追随他进行语文教学点拨法研究近40年，对先生的理论与实践有所学习和研究，但我很少想这个问题。正是这部口述实录的编著工作引发我反复思考，现借先生嘱我写序的机会，初步谈谈我的导师蔡澄清的教育家特质，挂一漏万，敬请读者诸君指正。

蔡澄清先生作为教育家的基本人格底色，我以为是对伟大祖国的无比热爱、对中华文化的无比敬仰和对人民教育事业的无比忠诚。正因有着这样的人格基础，他全部的人生都奔涌着热爱教育的潮水，激荡着倾心育人的浩歌，尤其是在语文教育的实践探索和理论创新上，他树立了当代的思想标志。中华民族饱经忧患，孔夫子以来的历代知识分子特别是献身教育的知识分子都在心灵深处燃烧着这样一种思想烈火：用教育的方式来唤醒民族精神，用启蒙的方法来照亮文化生命，用奉献的态度来培养国家栋梁。我的导师蔡澄清就是其中一位佼佼者。同时，我们更要看到，作为国家的、民族的、人民的、教育的蔡澄清，又是极具思想个性和知识创新的蔡澄清，更是一个有着当代学术标志的蔡澄清，而这正是为全国同行公认的卓越的教育家——蔡澄清。

这样一位教育家，他的卓越性创造的基本事实是怎样的呢？这部口述实录进行了具体而又生动的说明。我感到以下三方面是应该重点研究和学习的：

第一，事业上，他终身探索，坚韧地开辟新领域。

蔡澄清先生在他的重要著作《我的语文教学观与方法论》（安徽师范大学出版社 2010 年版）中指出，“在教学实践中进行改革和探索，贯穿了我的全部教育教学过程。50 年来，我所遵循的指导思想是：改革，改革，再改革；实验，实验，再实验；创新，创新，再创新”。这段话，表现了蔡澄清先生把教育视为一项伟大事业的责任感，也彰显了蔡澄清先生一辈子用科学精神来承担宏伟事业的进取心，更显露出蔡澄清先生用学术的志向来奉献教育事业的人生选择。因此我认为这是读懂蔡澄清作为一个教育家的总开关。这部口述实录，自始至终贯穿着这样一条实践探索和理论创新相交相融的进取线索。例如，20 世纪 50 年代，蔡澄清先生投身于中学语文课的“汉语、文学分科教学改革”；当人们注重于“分”的实践时，蔡澄清先生在“分”的格局内开辟了“合”的新思路，实践的重点是“课文”的“教”与“练习”的“练”的有机性研究。70 年代，蔡澄清先生用了整整 10 年的时间就初高中语文课本中的鲁迅作品教学进行了系统的教学改革与理论探索。当时，人们在鲁迅作品教学上或僵化或畏难，蔡澄清先生则遵循文学的规律，在课例和赏析的结合上开辟了新课堂；同时，出版《鲁迅作品教学浅谈》一书，赢得广泛好评。80 年代，当语文课改呈现或语言、或作文、或知识、或活动等“点”上开花、时有偏失的情势时，蔡澄清先生设计并主持了“初中语文年段分科教学实验”，从课程论的高度，开辟了语文课综合化、阶段化、个性化的科学实施新格局，3 年苦战后，蔡澄清先生获得安徽省教育科研成果一等奖。90 年代，语文课改出现了“洋化”倾向，几乎各方面都偏“洋化”和“西式”，为此，蔡澄清先生奋力承担了安徽省“九五”教育科研重点课题“语文点拨教学实验研究”的改革实验任务，又是历时 3 年，经中国教育学会中学语文教学专业委员会（以下简称“全国中语会”）和安徽省教委及教科所专家评审验收，该科研项目顺利结题，全省总结推广大会召开，进一步确立了语文点拨教学的民族性和现代化属性；在此基础上，蔡澄清先生马不停蹄，开展了“点拨—创新”的语文教学模式实验，用科学思维把语文教学的实验与研究推进到 21 世纪。什么是教育家？蔡澄清先生的探索表明，一生都在开辟学术的新领域，就是教育家的本质属性。教育家不是靠一句口号叫出来的，也不是靠某个历史时机抢占了一个站位而伸出头来的，更不是靠权势和金钱收买来的。教育家原本就是一头敢于开辟新地的牛，在自己钟情的大地上，用汗、泪、血，一辈子耕耘，一辈子创造，一辈子用思想回应和引领时代。

第二，学术上，他立意高远，卓越地创造新成果。

蔡澄清先生的学术理论个性鲜明，立意高远，最突出的就是他的语文教学点拨法。长期以来，他出版了系列专著，发表了大量文章，其深刻的阐述和丰富的例证在国内外产生巨大影响。这部口述实录的重点之一就是叙述了语文教学点拨法的前世今生，相信读者能畅快地读出蔡澄清作为教育家的重要特质。就我个人的长期体会而言，语文教学点拨法的学术价值自不待言，这是一个重要的教育科研成果。同时，我们还要认识到，蔡澄清先生用来支撑点拨法的思想特质和思维个性同样具有时代的深刻性。在这一点上，我以为，蔡澄清先生的教育家贡献，最显著的标志就是他在“传统”与“现代”、“中国”与“世界”的思想交点上，确立了当代语文教学论的理论思维。蔡澄清先生的点拨思想一方面充分地融合孔子启发式思想，又特别突出人的个性化成长需要这一现代特征；另一方面，在发展中国语文教学论当代意义的同时，广泛吸收苏格拉底产婆术思想及其所哺育的西方教育新理论新观念。我跟随蔡澄清先生进行语文教学改革将近40年，在不同的历史时期，我们合作撰写了一系列论文。蔡澄清先生多次在不同场合对我褒奖有加，我深感惭愧的同时，始终庆幸自己跟对了这样一位立意高远的导师。我的收获是多方面的，如果要问蔡澄清先生对我最大的影响是什么，我一定会说就是“传统—现代”“中国—世界”的理论思维。“传统”是寄希望于现代化的“传统”，“现代”是活化了文化传统基因的“现代”；同样，“中国”是世界视野中的“中国”，“世界”是尊重“中国”这块土地的“世界”。这里，我要进一步强调的是，蔡澄清先生点拨法的“法”，是方法论与价值观融合一体、不可分割的教育思想、操作方法和思考问题的方法，绝不是一技一艺之“术”。但是，点拨法的“法”的精妙又在于，它是由一技一艺之“术”而合成构建并转化为新的不断生成之“术”的血肉，其中的哲学关系、变化机理、文化禀性与实践艺术需要因势体味、择时应用和随机应变。而这样一种点拨法的“法”的灵动性，恰恰就是点拨法的理论坐标在实践上的最生动表现，恰恰就是“传统—现代”“中国—世界”思想模型的哲学灵魂。

第三，思想上，他深度开放，坚定地面向崭新的未来。

作为教育家的蔡澄清首先是一位实干家，同时是一位思想家。这样的认知当然是正确的，不过，只有这样一种静态判断还不够。反复阅读这部口述实录，特别是读到口述实录中高潮迭起的内容时，我越发感到，蔡澄清先生的思想作为一个鲜活的生命体，是活生生地成长着的，在发展中具有深度开放的特点，而这样的一种开放性，显然决定了这一思想的未来性。蔡澄清是一位走向未来的教育家。这部口述实录告诉我们，蔡澄清先生口述的不是人生总结，而是他用一生的思想力量对未来发出的声声呼唤。蔡澄清先生的“开放性”是具体的。其一，蔡澄清培养了一个全国知名的点拨法研究团队。无论从代际、人数还是从学术成就而言，一批又一批弟子茁壮成长的事实充分表明了蔡澄清作为教育家的人格境界：喜看“‘枝枝’红杏出墙来”又“化作春泥更护花”。蔡澄清先生多次对我说，他不赞成搞什么派什么系。现在想来，这句话说的就是广阔胸襟。派，搞得不好也许会搞成内向的聚合；团队则指向学术任务，是外向的开放。比如点拨法的研究，看重的是思想，推崇的是实践，决不自筑门户。其二，蔡澄清点拨法的“法”的思想与特性，既为语文教学点拨实践预留了十分广阔的发展空间，也为基础教育各学科教学改革提供了广泛的借鉴和移用的可能。点拨法讲的是语文教学，其思想精髓同样滋养着其他学科教学以及基础教育的一切行为。其三，也正是基于深刻的开放性，点拨法作为从基础教育土壤中生长出来的、沐浴着中国改革开放40多年雨露的当代语文教学思想，完全可以升华成中国普通教育学的华彩乐章，并演绎为中国教育思想库中的一个当代概念。这个概念，是孔子启发式思想的“现代版”，也是教育面向世界的“中国牌”。我想，这不仅是蔡澄清先生的教育家贡献，更是我们这个时代实现教育自信、文化自信的必然选择。

徐赟兄在短时间内费心协助蔡澄清先生撰著这部口述实录，令我十分钦佩。名儒乌以风先生是蔡澄清先生的恩师，而为乌以风先生立传的，也是徐赟兄。我与徐赟兄心灵呼应多年，我们同为蔡澄清先生的学生，共学点拨法年深日久。多年前，我曾萌发写一本《蔡澄清评传》的设想，后因工作忙乱而迟迟未能动笔，而今幸有徐赟兄以奔放畅达的文字弥补了这一缺憾。令我感动不已的是，蔡澄清先生在口述中，还时时点到我与他合作完成的文章、图书，还说这是我的“贡献”。

其实，我所写的都是学习活动。我所铭记的不是我写了什么，而是我这样写的机会和何以能这样写。我与蔡澄清先生的缘分是我人生的荣幸，这似乎说的是私交。其实，真正的学术私交，又怎么可能不与国家文化之公器发生紧密联系呢？弟子为导师整理学术又岂可单以私交情谊而论之乎？韩愈有言："师道之不传也久矣！"这是历史的回声，更是当代的鞭策！我感到，师生共建学术，是知识为公之师道也，我做得还很不够。在这方面，我们同样要向蔡澄清先生学习，他的敬师之情、尊师之道，以及携助新教师之功力，是我们当今时代的一面镜子！最后，我要说的是，"当代中国语文教育家口述实录"丛书真实地叙述着当代中国的典范性教育人生，这样的出版决策同样也是弘扬中华师道之义举！写到这里，我祝愿我的导师蔡澄清先生健康长寿的同时，也要对广西教育出版社，对彦钧兄、刘远兄、徐赟兄，对所有热心的读者致以深深的敬意！

2019 年 3 月于上海非非书房

（陈军，正高级教师，上海市语文特级教师，上海市市北中学特级校长，上海市教师学研究会会长）

前言

蔡澄清

本书酝酿之初，主编任彦钧建议邀请一位中青年学者参与访谈，就我个人的学习、工作经历与学术生涯，特别是对我作为当代语文教育名家和特级教师的思想、个人风格与教学特色尤其是点拨法的前世今生进行一番梳理、总结与反思，我决定邀请早年结识的年轻朋友徐赟老师作为这部口述实录的合作者。

徐赟老师有几大优势：我们是安徽省安庆市老乡，他于中等师范学校毕业后一直耕耘在家乡学校，不断自学、教学、教研，与我一样有教学科研与行政管理“双肩挑”的经历；他在20世纪80年代参加点拨法教改实验，我们那时起即有书信往来；他与他爱人都是中学语文教师，这同我与周凤生老师一样，且他俩曾被顾之川先生誉为“语文夫妇，琴瑟和鸣”；他与陈军是同时代人，结识与交往较早，且都有共同的学术爱好，都发表了不少教育教学论文；他坚持走“点拨”创新之路，实践探究“动感读写”（诗意解读、动感作文），已不同凡响；他多次应邀赴高校作“国培计划”讲座，适时宣讲与运用点拨教学思想；他既是教师又是作家，创作过《乌以风传》等作品，而乌以风先生正是我读安庆师范学校时的老师兼班主任，对我影响至深。

师道传承，源远流长。出于以上诸多因素和渊源，徐赟老师欣然接受我的邀请，专程赴芜湖来采访我。我们愉快合作，共同努力，终于如期完成这部关于“点拨教学法”的口述实录。

一石激起千层浪，点拨教学谱新篇。本书七章，基本上以时间先后为序，前两章讲到点拨法的“前世”，后几章侧重介绍点拨法的“今生”。本着实事求是的原则，我口述了点拨教学法的有关内容。若本书对大家坚定教书育人、立德树人的信念，争做一名好老师的崇高志向，传承、践行与研究点拨法，对语文教育教学改革的深化、发展与创新，能作为一个案例，或能有所启发，则将遂心愿焉。

非常感谢柳斌先生以及丛书各位顾问的高度重视，感谢编委会主任顾之川先生以及任彦钧先生、刘远先生等主编的悉心指导和精心策划，感谢广西出版传媒集团、广西教育出版社领导和责任编辑的辛勤劳动，感谢陈军同志作序，感谢各界朋友的盛情关心和大力支持！

在回顾这一生的心路历程时，我虽力求精准细致、生动再现、主题突出，但终因年届耄耋，心老力衰，疏漏之处难免，还请朋友们指正。

另外，芜湖一中程丽华老师选编、我审订的图书《语文点拨教学法的创建、传承与发展》亦将出版发行，可作为本书的印证与案例，供大家参阅。

匆草于安徽芜湖市碧桂园养正斋

2019年3月15日

目录

20世纪80年代初，安徽省芜湖市特级教师蔡澄清先生创立的点拨教学法横空出世，不久便形成了一个影响深远的中学语文教学流派。点拨教学法不只是一种教学方法和技巧，也是一种教学论和教学过程，更是一种教学思想与教育观念，至今仍生机勃勃，魅力四射，参与者众。

2019年3月，在江城芜湖碧桂园养正斋里，当代语文教育家蔡澄清先生欣然接受了后学徐赟的访谈。85岁的蔡澄清先生精神矍铄、思维敏捷，在访谈中全方位回顾了故乡、童年、学习与工作经历、教育教学与教改实验，尤其是紧紧围绕点拨教学法，讲述了一系列鲜为人知的故事……

蔡澄清与徐赟（右）合影

第一章 我的故园我的梦

从大别山凉亭河畔走来

徐赟（以下简称“**徐**”）：蔡老师，您好！我曾多次路过您的故乡安徽省宿松县凉亭镇，请您先谈谈您的故乡。

蔡澄清（以下简称“**蔡**”）：好的，谢谢你给我提供这个怀乡的机会。王维有诗云“君自故乡来，应知故乡事”，故乡是生我养我的地方，我深爱着故乡的土地。

我们是安庆市老乡，我的家乡宿松县与你的家乡潜山市一样，目前都是安徽省直管、安庆市代管。宿松县与潜山市中间隔太湖县，是山水相连的关系。

安庆位于皖西南，西高东低，下辖的岳西县、太湖县、宿松县、潜山市属于大别山区，望江、桐城、怀宁及安庆市区又属于长江北岸中下游丘陵与平原。潜山境内的天柱山，被汉武帝封为“南岳”，为皖之名山，与黄山、九华山齐名。天柱山又名皖山，有皖河绕流其间，春秋时期这里曾建过一个皖国，安徽省简称“皖”即出于此。1760—1952 年，安庆是安徽省的省会。安徽就是“安庆”和“徽州”首字的合称。

安庆最初所辖桐城、怀宁、潜山、太湖、宿松、望江六县，旧称“安庆六邑”。民间流传的一副对联“怀宁猛虎桐城不入潜山去，宿松白鹤太湖无鱼望江飞”，就嵌入了安庆六邑。

安庆人杰地灵，文化底蕴深厚，不仅是安徽之源，还是文化之邦、戏曲之乡、禅宗圣地。安庆是京剧的发祥地、黄梅戏的故乡，汉乐府长诗《孔雀东南飞》的故事就发生于潜山焦家畈与怀宁小吏港一带，清代桐城文派更是影响深远。

宿松县位于皖赣鄂三省交界，南面与江西省九江市彭泽县、湖口县隔江相望，其他几面又与湖北省黄梅县、安徽省太湖县和望江县相接。《宿松县志》记载："宿松县城，汉代为皖县地，后置松兹县，故此地亦称'松兹'。"

宿松周边不仅有风景秀丽的庐山、古南岳天柱山，还有烟波浩渺的花亭湖等著名风景区。宿松县内名胜古迹颇多，有"宿松十景"：秀河烟柳、凿山仙洞、海门天柱（即"小孤山"）、太白书台、西源九井、严恭石道、燃灯古寺、孚玉青峰、龙湖浮笠、仙田瑞谷。其中严恭石道远近闻名，就在我的家乡凉亭镇内。

凉亭镇位于宿松县东北，处于宿松与太湖两个县城中间，自古就是重要的驿道。明代弘治十一年（1498 年），知县施浦建亭于河上，作为"邮递商旅贩徒"来往休憩之所，故此河取名为凉亭河。清末因此地商业贸易兴旺，乃正式建镇，并以河名定名，称为凉亭河集镇。

凉亭河发端于大别山麓宿松县趾凤乡，河水清澈明净，长年不断，穿镇而过，将镇区分割为河东、河西两大部分。人口密集的老镇区，人们傍河而居，颇有"人家尽枕河"的意境。

凉亭镇还是一个有着光荣革命传统的地方。第二次国内革命战争期间，中国工农红军第二十七军在凉亭镇内开展革命战争，建立红色政权。凉亭镇旁有一座烽火山，抗日战争时期，著名的凉亭河阻击战就发生在烽火山，为中国人民抗日战争写下了悲壮的一页。人民解放军刘邓大军挺进大别山的战争故事更是家喻户晓。电影《风雪大别山》所拍摄的故事，就发生在皖西南大别山这一带。

宿松县凉亭镇远景

徐：您的故乡人文积淀丰厚，令人神往啊！接下来，请说说您的家世。

蔡：记得宿松蔡氏祖堂大门上，贴着一副对联“东土家声远，西山世泽长”，中间上书“九峰堂”。这里的“东土”“西山”，都来自蔡氏祖先的居地，“九峰堂”是家谱堂号。宿松蔡氏祖上由福建莆田迁入江苏、江西，然后有分支分别迁入合肥、宿松等地。

1934年7月22日，我出生在宿松县凉亭镇蔡屋村一个农民家庭。因为正值荷花盛开之际，家人赐我乳名莲生，谱名坤文。小学毕业后改名为澄清，后自取书斋名为“养正斋”。

祖父蔡道三，为晚清儒生，结婚后不久，23岁英年早逝。我的父亲蔡志成，就靠我祖母张氏抚育成人。我的父亲1960年去世，享年52岁。我的母亲张寿英1992年去世，享年81岁。

父亲年幼失怙后，孤儿寡母，家境贫寒，无以为生，祖母只得把祖辈遗留下来的几亩土地出租。祖母带着我的父亲回到娘家——宿松梅墩畈张家屋，依靠娘家两个弟兄抚养我父亲成人。父亲在张家屋读了两年私塾，稍大后，又随我祖母回到蔡屋村，以耕织为生，艰难度日。

幸好祖母当时还年轻，父亲较为聪慧，能够吃苦耐劳，慢慢把祖传的田地收回耕种，还学会了种植经济作物，如烟叶、油桐、棕榈之类，家境逐渐好转。成年之后，父亲在农村挑货郎担，串村走户，靠卖民用生活杂货赚点钱，改善生活。父亲就这样忙时种田，闲时卖货，终于独立成家立业。祖母在娘家附近物色了一位年轻姑娘张寿英，与父亲年龄相隔三岁，二人相识相爱，终于成婚。父亲中年时一度经商，曾独自一人到凉亭河镇上开了一家布匹店，历时三年，后由于战事紧张，生意难做，又回乡务农了。

祖母和母亲勤于耕织，俭以持家，而且为人和善，与邻里和睦相处。祖母六十大寿时，两位舅祖父还送来了一块祝寿匾额，上书“永寿贞节”四个大字，后来一直悬挂在村里蔡氏祖堂，以示纪念。

我的父母共生育了四个子女。我上面有一个哥哥，名叫广生，5 岁时生病离世；下面是妹妹桃英，目前身体尚健康；再下面是个小弟弟。1960 年，祖母、父亲与小弟弟先后病逝。祖母去世时，我因病在芜湖治疗，未能返乡。父亲去世时，噩耗传来，我随即奔丧，但未能在父亲生前送终，痛何如之！ 1960 年 9 月，我在芜湖曾写一联追表心意，其中有“数载东奔西走，落得心力交瘁，愧我祭奠迟来”一句。

母亲于 1992 年 4 月 30 日病逝。接到噩耗，我当即返乡，守灵三日。当时曾怀着沉痛的心情自撰一联，挂在灵堂，以表悼念：

挽慈母

八一庆高龄，忆往昔，劳累一生，朝耕暮织，节俭持家，敦和处世，艰辛育儿，儿女决心承母教。

九二逢盛世，看今朝，坤永二代[①]，夙兴夜寐，发愤攻书，刻苦治学，

① 子为坤字辈，孙为永字辈。

争当学子，子孙起舞慰先灵。

父母含辛茹苦，抚养我成人。他们常常教育我要勤劳善良，立志成人，这些家风家规对我影响很大。

我从小生长在大别山宿松凉亭河畔，虽然这些年一直关注新农村建设的发展变化，但回老家的次数少了，总觉得少了些什么，想着那片青山绿水，不免平添几许乡愁啊。

幼学启蒙童子功

徐：您小时候读过私塾，也进过公办中小学，打下了深厚的童子功。请您回忆一下求学过程。

蔡：安庆一带有着“富不丢猪，穷不丢书”的传统，家家户户都十分重视孩子的启蒙教育。我小时候读了四年私塾，后上凉亭河小学念了五年级、六年级，小学毕业后考取了宿松中学，读了初一年级。可到了初二年级开学不久，学校因战事临近而停办了，我便离开了学校。后来，我读了两年高级班私塾。

中国古代十分重视蒙学教育。《礼记·学记》曰：“古之教者，家有塾，党有庠，术有序，国有学。比年入学，中年考校。一年视离经辨志，三年视敬业乐群，五年视博习亲师，七年视论学取友，谓之小成；九年知类通达，强立而不反，谓之大成。夫然后足以化民易俗，近者说服而远者怀之，此大学之道也。《记》曰：‘蛾子时术之。’其此之谓乎！”这些详细的划分与要求，无需详考，我单说“家有塾”及其语文教育的大致情况。

“家塾”就是“私塾”，又称“村塾”“乡塾”，是私人主持建立的小规模启蒙学校。私塾的语文教育基本上分为三个阶段：一是启蒙阶段，以识字教育为中心；二是读写基础训练阶段；三是阅读训练和作文训练阶段。以识字教育为中心的启蒙阶段，学生首先是集中识字，然后老师把初步的知识教育以及思想品德教育结合起来，学生开始熟习文言文的语言特点，同时学一些必要的常识，为后一阶段打下基础。

蒙学的具体课程和教学过程，则是由私塾先生根据不同学生的情况来安排。我读过的几个私塾，老师安排每天的教学计划大致是：晨读——学生自读和背诵前面学过的课文。上午前半段是描红或写大字和小字，后半段老师教读新课。课前要求学生背诵前一天学习的课文，背不出或背不全的则要求回座位再熟读和补背，如果真背不过关的，则要惩处跪读甚至戒尺打手心。只有背过关后，才给上新课。下午基本上是教读或自由诵读。上下午课间都会安插一些课外娱乐活动。

这种教学程式会随着学生年龄增长而渐有变化。比如，后来除诵读、识字、写字训练外，逐步增加了对课和写作文的训练。作文是隔三岔五穿插练习，均由老师命题，有时老师也提供范文供诵读和借鉴。我记得读过《论说精华》。这本民国小学生作文范本，从易到难，循序渐进，编者对每篇文章都做了段落层次的分析以及简明扼要的旁批，采用的都是新式标点。作文所涵盖的内容非常丰富，包括小学生学习、生活的各个方面；写作体裁全面，从简单的实物叙述到议论、说明，包括记叙文、应用文、说明文以及议论文等常见的文体。

这里所说的童子功，是指打下了一定的国学文化知识的基本功。以前的小孩子读私塾，现在的小孩子参与国学经典诵读活动，都可以打下童子功。

我开始接受传统的启蒙教育是满六周岁以后，应该是1940年春。第一年，我上的是本村一位叔祖父蔡星五自办的私塾，他是村里唯一有名气的读书人。一年后，蔡星五弃教经商，私塾停办。后来，村里请了外村的姓朱的老师来教私塾，我读了一年后，私塾又停办了。我接着到邻村吴家新屋吴明新先生的私塾就读，离我家只有一里，我在那儿也只读了一年。

第四年，另一位叔祖父蔡回东到离家约五里的闵家园小镇上开中药店。蔡回东既行医问诊，又卖中草药。他让我父亲去帮助照应药店，我父亲提出必须要带我去读私塾，蔡回东就答应一边行医，一边兼任教师。于是，他招收了小镇上几个学童在他店里读书。我在那里读了一年，比起前几次，这次认识了一些中草药。

一年后，本村另一位叔祖父蔡旭东到凉亭镇经商。他请我父亲与他合伙，于是他们联合开了一个小布匹店。我离开中药店，随父亲来到凉亭河，进了公立小学，插班走读五年级。

去凉亭河之前的四年，应该说是我的私塾启蒙教育的四年。从“三百千”的集中识字到初步的读写训练，除了读《三字经》《百家姓》《千字文》，我还读过《弟子规》《五言杂字》《小学韵语》《鉴略》《昔时贤文》《名物蒙求》《龙文鞭影》《幼学琼林》《神童诗》等。我在识字的同时，也接触了一些历史、地理、名物、文化知识。之后我开始学《论语》《孟子》《大学》《中庸》以及《诗经》，背诵、抄写和默写，老师要求都必须完成。老师只教读不讲解，也不要求学生理解，是真正的死记硬背、不求甚解。

凉亭河小学是公办六年制，设在镇上的一座祠堂里，距离父亲的布匹店铺约二里。此小学四年级及以下是“初小”，五六年级是“高小”。

这种小学的课程与现在的小学课程类似，除了语文，还有算术、体育、音乐等基础课程。当时处于抗日战争时期，体育课开设有军训课，进行“童子军”训练；音乐课教唱抗日歌曲。因为以前读过四年私塾，我在凉亭河小学的语文成绩很好，其他课程成绩较为一般。经过五六年级的正规学习，我考试合格，顺利毕业。

我毕业后，父母为了我能够继续读书，找到邻村很有名的余祖荫老师开办了补习班。我学习了两个月，然后就考初中了。这个“小升初”辅导班在祝家小屋，离我家有五里，无法走读，便由我母亲陪读。

徐：您小时候叫“蔡莲生”，考中学的时候为什么改名为“蔡澄清”呢？

蔡：说来有趣，以前小孩子基本上有几个名字，分别是乳名（小名）、学名（大名）和谱名（按世系辈分取名）。我要上中学时，父母认为还叫乳名比较俗气，所以请余祖荫先生给我取一个学名。其实，我一直琢磨“莲生”这个名字，认为这个名字挺好的，不但通俗，易于称呼，而且“出淤泥而不染，濯清涟而不妖”，大有清新典雅、超凡脱俗的意味。

家人告诉余祖荫先生，以前给我算命的盲人都说我“五行缺水”，我出生时恰逢大旱，因此取学名时需要补上“水”，将来才会有福气。

余祖荫先生想了想，说：“这孩子，本是凉亭河畔一福娃，光宗耀祖全靠他。莲生者，本水中生也。河水澄清，源远流长啊。”于是，他建议取学名为“澄清”。余先生又解释道：“‘澄清’，本指杂质沉淀，液体变清；形容水清而透明。语见《后汉书・范滂传》，‘滂登车揽辔，慨然有澄清天下之志’。既细水长流，正本清源，志向远大，又补足了五行缺水，所以，我给你取名为‘澄清’，是个好名字——好名字啊！”家里人一听，十分满意，就决定用这个名字。

这虽是一段笑谈，但还真是一语定终身，这个名字我也就一直沿用。

徐：您考取中学以后，是怎样学习和生活的？

蔡：这段中学读书时间很短。当时宿松县只有两所中学，都是初中，没有高中，一所是县城的宿松中学，是1939年由综合省立第三临时中学等几所学校创办的，另一所是离我家十多里远的私立北山中学，由黎氏家族主办。北山中学招生在前，宿松中学招生稍后。

父母为了我能考上宿松中学，就让我先去考北山中学。我遵嘱去考，果然考取了。父亲说："你再去考宿松中学，如果也考取了，不就多一个选择吗？"于是，我又去县城报考宿松中学。县城离我家有三十多里，尽管天气炎热，我还是去报考了。十多天后，宿松中学也发来了录取通知书。

两所中学，一远一近，花费一多一少，如何取舍？父亲说："公办学校管理更正规，老师们更有名气，相较而言发展前途应该会更好些。"父母决定让我去上宿松中学，我很高兴。

1945年8月，抗日战争胜利。8月底，家里请一位堂兄推一辆独轮车，带上衣被和口粮，载着我到宿松中学报到。1946年夏，解放战争开始了。1946年秋，我到学校读初二，只上了一个多月的课，10月份前后，国民党部队驻扎在宿松县城，为避免战火，学校宣布暂时疏散，学生全部停学回家。这样，我就不得不回家了。

辍学务农修江堤

徐：宿松中学复学以后，您是否返校继续就读？

蔡：没有。1946年秋，宿松中学暂时停办，第二年秋就复学了。学校通知师生返校复课。这时，我父亲反而决定不让我去宿松中学继续读书，说再去私塾念几年。别人都纷纷复学了，我不知父亲葫芦里卖的什么药，只得辍学在家随父亲务农。

我当时13岁，别看我当时已长得很高，大大超过了同龄的少年，但我力气不大，干不了多少重活。我参加过种水稻、种山芋、种烟叶，学会了放牛、砍柴、插秧、耘田、挑粪、收割等农活。虽然父亲只让我干点轻松的农活，但我还是常常累得气喘吁吁，汗流浃背，力不从心。

我小小年纪跟着父亲起早贪黑，日晒夜露，父亲就鼓励我，手把手地教我，比如怎样拔秧苗、插秧苗，尤其是不能把秧苗的根部弯进去，要不深不浅，行距与间距要保持一致。父亲不厌其烦地讲解示范，我不断实践，才逐渐学会一点要领。插秧弯腰劳累我倒不怕，我怕的是蚂蟥。田间没有打过农药，蚂蟥很多，一旦发现腿部皮肤被咬破时，蚂蟥已经吸饱了血，身体胀得鼓鼓的了。父亲总是教育我，要学会吃苦，不能轻易放弃。父亲言传身教，我也逐渐掌握了一些农活要领，明白了坚韧的可贵。

1946年冬天，同马大堤要兴修水利，维修加固，政府要求各地乡村都派民工趁冬闲时光去修江堤。父亲去之前对我说:“我俩一道去，让你见识见识长江。”一听到要去看长江，我倒是来劲了，愿意跟随父亲去长长见识。

同马大堤位于长江下游北岸，是安庆市内的重要堤防，南临长江，东傍皖河，上接湖北省黄广大堤末端段窑，下抵怀宁县官堤头，全长 170 多公里，其中长江段堤长 130 多公里，皖河段堤长 30 多公里。同马大堤所在地区原是先秦时期的古彭蠡，发洪水时江湖一片，枯水期则洲汊分歧，茫茫九派，《禹贡》称其“九江”。后由于江道南移及长期泥沙沉积，江湖分离，形成大片沼泽地、洼地。从清道光十八年（1838 年）到民国五年（1916 年），历经 78 年，依次建成同仁堤、马华堤等小堤，曾多次决口成灾，后来合称“同马大堤”。

我生活在高山丘陵地区，只看过高山、峡谷、溪流，当第一次看到浩瀚的长江，往来船帆络绎不绝，两岸平原十分广阔，豪迈之情油然而生，我情不自禁地背出诗句“我住长江头，君住长江尾。日日思君不见君，共饮长江水”，也想起“江里无风三尺浪”“长江后浪推前浪”“孤帆远影碧空尽，唯见长江天际流”等句子。

我第一次看到了江上第一奇景——小孤山（亦名“小姑山”）。小孤山是万里长江的名胜之一，被称为长江绝岛、中流砥柱，虽属弹丸之地，名声却很大。李白的诗歌《赠闾丘宿松》就作于小孤山旁。苏东坡的《李思训画长江绝岛图》:“山苍苍，水茫茫，大孤小孤江中央。崖崩路绝猿鸟去，惟有乔木搀天长。客舟何处来，棹歌中流声抑扬。沙平风软望不到，孤山久与船低昂。峨峨两烟鬟，晓镜开新妆。舟中贾客莫漫狂，小姑前年嫁彭郎。”此诗充满诗情画意，其中就提到了小孤山。

长江绝岛——小孤山

我在同马大堤义务劳动了将近两个月，手掌磨出了老茧，脚板磨出了水泡，真正磨炼了我吃苦耐劳的意志。在没有现代化机械作业的年代，全靠大家齐心协力，肩挑背扛，土法上马。我学会了挖土、挑土、铲泥、推车、打夯等体力劳动。打夯需要四个人拉住石头夯四角拴着的绳索，一起用力向上拉，再一起向下坠落，逐渐夯实地基。如果有任何一个人偷懒，起落不合拍，石夯就会偏斜，其他几个人就知道是谁在投机取巧了。为了配合节奏，大家一齐喊："大家加油干啦！嗨呀嗬嘿！——我们不怕累啊！嗨呀嗬嘿！""一起用力拉啊！一二三四—— 一起用力夯啊！一二三四！"虽然寒风萧瑟，工地上却是热火朝天，各种劳动号子此起彼伏，传遍了大江堤岸。

白天流汗劳累，夜晚洗漱之后，工友们三五成群地闲聊，我就央求他们讲故事。他们主要讲眼前这一带“八百里皖江”两岸的故事，诸如李白读书台、小乔与周瑜、刘兰芝与焦仲卿、牛郎与织女、小姑与彭郎等。此外，有的讲陶渊明不为五斗米折腰，辞官归隐在南山开荒种地、在东流古镇艺菊；有的讲家乡一带流传着“五里三进士，隔河两状元”，讲财主与书生，讲节庆习俗、婚丧嫁娶；有的讲岳飞精忠报国、孟姜女哭长城、白娘子与法海斗法；有的讲孙悟空与妖怪、梁山泊一百零八个好汉、诸葛亮与周瑜……这些美妙的传说与动听的故事，不仅打发了我们腰酸背痛的夜晚时光，也充实了那段枯燥无聊的生活，满足了我不断遐想的欲望，让我增长了见识，那真是一段苦乐年华。

徐：修江堤，听故事，的确是苦乐年华。之后，您的求学生涯有了怎样的转机？

蔡：那一时期的劳动的确十分艰苦。我觉得从小要养成爱劳动、勤劳动的好习惯，身体力行当然是对的，但力所能及的劳动与力不从心的过度劳累，毕竟是两码事。俗话说“面朝黄土背朝天”，一点也不假。我体验到劳累，有时候感到实在支撑不住了，积郁在心中的读书梦又强烈爆发，我想继续上学。

有几次，父亲喊我去田地里干活，我就捧起《西游记》或《水浒传》《三国演义》，作认真读书的样子，有时也大声朗读，模拟不同人物的语气，绘声绘色地对话。我将树枝削得光光滑滑的，涂上颜料，做成一根三尺长的“金箍棒”，模拟孙猴子表演“大闹天宫”，神采飞扬，手舞足蹈。也许那时候有点逆反心理了，想各种办法故意跟父亲作对。父亲喊过几声，有时候倒是装点马虎，看我似乎读得入迷，竟也让我自个儿多读了一会。“太阳都晒到屁股上了”，父亲一再催促，我最终还是拗不过他，尾随他去田地里了。

母亲善解人意，在我生日那天，特地烧了几个好菜，夹起荤菜到我

碗里，说：“鸟无翅膀不能飞，人无志气难成才。这孩子太小，又读了几年书，不能就这么停了。”母亲给父亲斟上一杯酒，劝他早一点让我去上学：“我们再苦再累，都为了谁？还不都是为了下一代！”父亲端起酒杯，一饮而尽，说道：“你说的也是，但这样东奔西走，来回折腾，也念不出个什么名堂啊。”父亲又接着说：“办法总比困难多，等些日子再说吧。”

我于是天天盼望着，终于盼来了好消息。为了我能继续读书，父亲真的做了一件惊天动地的大事——他竟然自己开办了一所私塾，而且还是中等水平的私塾。原来，他已租了邻村的空房子，邀请了当地很有名气的胡旭东先生来执教。

胡旭东先生五十多岁，当时是宿松县参议员，很有学问。他收的学生都要求读过三四年书，所收学费也就自然比普通塾师要贵一点。1947年春节之后，我就开始上学了，但在这里又是只读了一年。在这里，我的确学得比以前多一点。我开始学习古文和唐诗，如《古文笔法百篇》《唐诗三百首》等，也开始学习写简单的作文。

1948年初，我到宿松许岭镇更高一级的私塾去读书。许岭镇离凉亭镇有六十多里，那里有几千蔡氏族人，而凉亭镇蔡姓只有两三百人。同村的堂叔蔡光九（其名有“光耀九峰堂”“光宗耀祖”之意），当过兵，做过地方小官，在宿松享有较高声誉。许岭、凉亭两地蔡姓家族约请蔡光九到许岭开办私塾。我跟随这位堂叔在这个高级班私塾学习了将近两年。第一次出这么远的门去读书，我既有点犹豫，又充满了向往。

私塾第一年办在许岭镇高家田铺村蔡氏宗祠里，第二年迁到许岭镇旁边的横塘角，在大湖的旁边。宿松县南边沿江有三个很大的湖泊——龙感湖、大官湖、泊湖，许岭镇左右两边就是泊湖与大官湖。当时人民解放军在这个大湖旁练兵，正在准备渡江战役。因为军事形势紧张，不到年底，私塾就停办了。于是，我又不得不随这位堂叔回到凉亭。回家的路上，我有点忧伤，美好的读书梦又一次落空了。回家后，在农业生产之余，我想办法找来一些书，半耕半读。

1949 年 10 月 1 日，新中国成立，人民当家做主了，各地群众都在热烈庆祝。到 1950 年春，我的学习生涯进入了一个全新的阶段。

传统教育也有点拨

徐：蔡老师，您辗转进了这么多私塾和中小学，其间可有一些轶闻趣事？

蔡：对传统教育，也要具体问题具体分析。都说传统教育是“死记硬背”，其实这“死记硬背”也是打牢童子功的一个基本途径。我在传统教育里也获得了启发与点拨。

在读私塾这些年中，趣事当然比较多。先说对对子。所谓“对对子”，就是“对课”，那是我儿时特别喜欢的。

老师要求我们读《声律启蒙》，至今我还能背出“云对雨，雪对风。晚照对晴空。来鸿对去雁，宿鸟对鸣虫”，还有《笠翁对韵》中的“清对淡，薄对浓。暮鼓对晨钟。山茶对石菊，烟锁对云封”，等等。

这些简单的对句，读起来顺口，背起来悦耳，我倒是很乐意背诵的。老师模仿着书本出几个词语，让我们对。对得好的，老师就夸奖一番，讲出如何好；对得不好的，可以重新对，直到对得像模像样为止。字数由三言、五言到七言，由易到难，逐渐加码。

有一次，老师指着窗外的一片竹林，说“窗外千竿竹绿”，要我对。我看着院子里的花花草草，想了想，说“园内万朵花红”。老师大为赞赏，夸我“会观察，很聪明”。我高兴得不得了，以后就更加认真学习。

过几天后，又有一次对课，老师说：“有一个上联，叫‘塔影横江鱼上塔’，你们想想，下联如何对？”大家都对不上来，老师启发道：“对成‘云阴入树鸟穿云’，如何？”大家异口同声答道：“好！妙极了！”老师又问：“为什么妙？”大家说不出个所以然。老师接着说：“这得动脑筋想想啊。”这时，我悟出上下联正好构成相对的想象境界，虚实相间，就连忙把这个原因告诉老师。后来，我去安庆市迎江寺游玩，登上号称“万里长江第一塔”的振风塔，看着江水滔滔，触景生情，还情不自禁地想起这个著名的上联。

在一个下雨天，老师说出一副妙对：“冻雨洒窗，东两点，西三点；切瓜分片，横七刀，竖八刀。”老师说，这是一副妙趣横生的绝对，要我们好好揣摩。有时候放学前夕，老师布置一联，让我们回去思考。我产生了浓厚的兴趣，放学后还想着如何去对。若对得有点感觉，第二天清早我就赶紧跑去告诉老师，老师少不了一番表扬。

有一次，老师对我说：“你是凉亭来的，我就以凉亭为题，专门考考你。我出上联，你对下联。上联‘悠哉此亭’，你对下联。”我的思绪立即回到家乡那迷人的地方，熟悉的情景恍若就在眼前，便脱口而出：“乐乎彼岸。”老师又说上联：“悠然亭中坐。”我就对下联：“逍遥世间游。”我以为老师到此为止，哪知道他越对越来劲，字数又加码了：“亭中悠然观碧水。”我就对下联：“人前无意逐虚名。”老师又说：“凉亭小坐时听鸟。”我想了一会儿，说：“古道闲聊遇故人。”最后老师说：“为名忙，为利忙，忙里偷闲且到凉亭坐坐。”我想出了下联：“劳心苦，劳力苦，苦中作乐漫将笑语谈谈。”老师啧啧称赞，说不愧为“从小喝凉亭河里的水长大的”，并撂下一句话“下次再考你”。

在这类对课中，我逐渐感悟到词性、结构、声调、平仄、意义等特点，理解了对联的特点、规律和要求，也学会了对对子。这为我后来逐步学会作诗、填词，打下了良好的基础。

徐：中国自古就是诗歌的国度，诗词楹联文化源远流长。现在的中小学语文教材已加大了中华优秀传统文化课文的分量。

蔡：这是好事，我们应补上中华优秀传统文化经典这一课。

再说秋游登高。读《幼学琼林》,《岁时》一章里提道：“中秋月朗，明皇亲游于月殿；九日风高，孟嘉帽落于龙山。”老师由此给我们讲了中秋赏月与重九登高的故事。《晋书・孟嘉传》记载，陶渊明的外祖父孟嘉少有才华，后来做到东晋大将军桓温的参军。“孟嘉落帽”形容才子名士的风雅洒脱、才思敏捷。老师又让我们背诵《九日龙山饮》:“九日龙山饮，黄花笑逐臣。醉看风落帽，舞爱月留人。”这是大诗人李白写他在安徽省当涂县重九登高的趣事。“独在异乡为异客，每逢佳节倍思亲。遥知兄弟登高处，遍插茱萸少一人。”王维的《九月九日忆山东兄弟》更是耳熟能详，脍炙人口。老师还讲了重阳节的有关习俗。

这年重阳节，正值秋高气爽，老师逸兴大发，竟然带领我们去登山，慕古人登高之遗风，潇洒走一回。这座山叫严恭山，海拔 465 米，山上有许多景点。其中“严恭石道”是“宿松十景”之一。

那天金风送爽，云淡天高，正是登高远游的好时机。我们师生十余人，一路欢唱，上得山来，只见茂林修竹，苍翠葱郁，泉洌溪清，松鼠欢跳，鸟语花香，景色确实宜人。

宿松县严恭石道

到了山腰，进入古寺，休息片刻，老师对我们说：“你们一路上要好好看看，留心各处的景物，等会儿上到山顶，领略一下‘孟嘉落帽’的滋味。回校后，每人写一篇登山游记。如果写得好，明年我带你们去白崖寨玩。”

老师指着与严恭山相距不远的白崖寨说：“那也是宿松的一处名胜古迹，山也不低。山上有一军寨古迹，明朝时，兵部尚书史可法曾以此寨为据点，与张献忠率领的农民起义军对战。那时，张献忠率军攻打宿松军寨，史可法率领官兵退守白崖寨。面对紧急的军情和优美的自然景观，史可法情不自禁，口吐一联，曰‘听涧底泉声，呼天地，是歌是哭；看阶前月色，问英雄，还死还生’。白崖寨，很值得一游啊！”

我们一鼓作气，登到山顶。举目远眺，大好河山尽收眼底；仰望天空，蓝天白云，秋高气爽。大家豪情满怀，无不欢呼雀跃，有背“会当凌绝顶，一览众山小”的，有诵“登山则情满于山，观海则意溢于海”的，还有人竟然喊着“登泰山而小鲁，登严恭山而小松兹”，大家兴致勃勃，不亦

宿松县白崖寨

乐乎。休息了一会，大家就满怀着登高望远所领略的诗情画意，另抄一条近路下山，返回学校了。

第二天，我们纷纷交上登高游记。老师批阅后，高兴地说："大家写得都很不错，有情有景，有感有怀，文笔优美，富于激情。这次登高活动，我们既开阔了视野，锻炼了身体，又学会了写文章。明年一定带你们去白崖寨。""君子一言，驷马难追！""一言为定！"教室里同学们不约而同地欢呼起来。只可惜，我第二年转到别的私塾去了，白崖寨之游，终究没有如愿。

这位老师的教学方法不古板，富有人情味，他懂得学生心理，结合游览，指导学生观察、写作，寓教于乐。古人曰"读万卷书，行万里路"，学生们多到大自然中开阔视野，增长见识，十分有益。这些儿时的游览活动激发了我的好奇心。在确保安全的前提下，开展夏（冬）令营、研学旅行活动，对学生来说是大有裨益的。

说到写作，我再介绍一下私塾里的写作教学，那是在许岭镇读高级班时的事情了。堂叔蔡光九是对新学、旧学都懂的老师，教学方法颇为灵活，对我们要求特别严格：一方面要我们读《唐诗合解》，学习写诗歌，另一方面要求我们熟读《左传》和《东莱博议》，学习写议论文。《左传》第一篇是《郑伯克段于鄢》，《东莱博议》第一篇就是对《郑伯克段于鄢》的评议。他要我们把两者结合起来对照阅读，还要依照《东莱博议》的写法，欣赏学习吕祖谦的文笔。吕文第一篇文章的开头是："钓者负于鱼，鱼何负于钓？猎者负于兽，兽何负于猎？庄公负于叔段，叔段何负于庄公？"开篇文辞铿锵，观点十分明确。我便依照这种章法，写了一篇观点与之不同的文章，交给了老师。我以为老师会批评，哪知老师阅后居然赞扬了一番，说了"善于思考，善于表达，反弹琵琶，学得很灵活"之类鼓励的话。我高兴极了，于是自发地写下去，接二连三，一连写了一大本。

老师倒是不嫌麻烦，逐篇批阅，略加点评。经过较长时间的自读自写，老师说我的议论文写作水平提高很快。老师也偶尔布置我们写几篇写人记事、游记之类的文章，但数量不多，似乎他认为这不是我们写作训练的重点。

现在回想起来，如果童年时代真正练好一定的读写童子功，对一个人未来的人生的确有深远的影响。

考上安庆师范学校

徐：您刚才提到新中国成立后您的学习生涯进入了一个全新的阶段，这从何说起呢？

蔡：新中国成立后，私塾几乎停办，新式学校普遍兴起。我意外地遇到一个机会，开始了新的学习历程。这也是一段妙事，与我的童年好友祝昌有关。

1950年春，我辍学在家，正愁着以后的路该怎么走，我害怕长期在家耕田种地、养牛劈柴。正在这时，早年的私塾好友祝昌因太湖中学放寒假回家。他家在离我家只有几百米的邻村祝垅墩屋，走过一个塘埂，他便可以来到我家。他告诉我一个好消息，说安庆新成立了一所师范学校，正在进行首届招生，还说太湖中学就设有报考点，劝我去报考。

父母听了很高兴，也鼓励我去报考。我虽然十分想上学，却有点担心，不敢报名。母亲特别怜爱我，并且受《神童诗》里“天子重英豪，文章教尔曹。万般皆下品，惟有读书高”的思想影响很深，认为男孩子就是要读书，要做大丈夫，要出人头地，要四海为家，要光宗耀祖。祝昌长我三岁，他热心地说：“做不了官，秀才在，考不取也没关系啊。要不我陪你，我们俩一起去报名试试吧。”

经大家一再劝说，我终于答应跟他一道去太湖县城报考。结果，两人都收到了安庆师范学校的录取通知书。祝昌在宿松中学读完了初中三年，当时正在太湖中学读高一，他的成绩自然是顶呱呱的；我虽然只读到初二，但前前后后读了七八年私塾，文科成绩很好，所以我们俩都顺利考取了。开学的时候，祝昌的家长却不同意他去，一是因为他即将升入高二，二是去安庆中途要路过太湖、潜山、怀宁三个县，路程有240多里，全靠步行，三天才能到达。他在家长的干预下放弃了。我一门心思要上学读书，就硬着头皮去了。

蔡澄清与同乡好友祝昌（左）于芜湖

那时候，宿松到安庆没有汽车可乘坐，父亲就挑着书籍、衣被和劳动工具护送我。我们中途在潜山县城、怀宁高河住宿了两夜，第三天到达安庆师范学校。

安庆师范学校校址原来设在老城区司下坡附近的一幢大民房里，几个月后搬迁到同仁医院隔壁的一所教会学校里，大约过了一年，又搬迁到安庆师范学校新建的和平楼去了。和平楼在北城墙以内，城外就是老安徽大学的红楼（即现在的安庆师范大学菱湖校区红楼，系国家级重点文物保护单位）。当时安徽大学迁到芜湖，红楼校址改为海军学校所在地，隔墙就是菱湖公园。我一直在和平楼新校址读到毕业。安庆师范学校后来成为安徽师范大学安庆教学点，后又并入安庆师范学院（即现在的安庆师范大学）。

安庆师范大学红楼

安庆师范大学敬敷书院

安庆师范大学校园内的红楼与敬敷[①]书院非常出名。敬敷书院是1897年开办的清代著名的省学。1901年，敬敷书院与求是学堂合并，成立安徽大学堂，后安徽大学堂更名为安徽高等学堂。1911年，安徽高等学堂停办。1928年，省立安徽大学在此创办。1946年，省立安徽大学改为国立安徽大学。

入学报到时，学校要求我们自带扁担、绳索等劳动工具，准备每周劳动一次，如运输粮食和蔬菜等。学校不收学费，保证吃住，但学生每月只有八元生活费。学生吃大食堂，早餐是稀饭，有黄豆或腌干菜，中午是米饭和一钵菜，八人一桌，由桌长分菜，晚餐亦如是。一周可吃到一次肉食。同学们正在长身体的阶段，时有挨饿的感觉。日常有六节文化课，还有一节体育课外活动课，人人都得参加。学生晚间都要到教室上晚自习。班级设班长一名，学习委员、文娱委员、体育委员各一名，负责出黑板报与墙报的各一人。每学年改选一次班干。一年级只有甲乙两个班级，男生多，女生少，每个班只有四五名女生。我们读二年级时，一年级已扩招到四个班。

我读安庆师范学校那几年，往返学校备尝艰辛，寒暑假回家都要步行。但这种长途跋涉倒也锻炼了我，我学会了在艰苦的环境中坚韧不拔，一步一步走向前。

徐：大家在安庆师范学校毕业后，分配去向如何？

蔡：安庆师范学校首届毕业生1954年2月大都被分配到各地小学教书了。当时的师范毕业生走上工作岗位后，无私奉献，辛勤耕耘，为我国农村的中小学基础教育做出很大贡献，他们大都成为教育战线的楷模。当时极少数成绩优秀的毕业生被学校推荐到省中教班进修，我有幸名列

① 敬敷：语出《尚书》，意思是恭敬地布施教化。

其中。

“中教班”的全称是安徽省中学教师培训研究班，位于合肥师范学院（该校前身是安徽省教育学院）内，开设语文、数学两个班，两班均招收来自全省各地的 40 多个学员，总共不到百人。学员中，有一部分是各地优秀中师毕业生，也有小学教师、校长等，学习时间半年，1954 年 2 月至 7 月。

安庆师范学校首届毕业纪念章（背面有制造单位名称、时间、姓名、学号）

我分在语文班。语文班主要开设的课程有文学、汉语、文学史、语文教学法等。上课都是用大学教材，老师们严格教学，我们学习了很多专业知识，提升了文化水平。结业后，大家基本上被分配到原地中学任教，我却被分配到了芜湖。就这样，我从大别山长江岸边的凉亭河畔走出来，在长江岸边的安庆读了三年书，最后走向了长江南岸的芜湖，工作了一生，至今依然居住在这里。

“人生的道路虽然漫长，但紧要处往往只有几步，特别是在人年轻的时候。”这是作家柳青《创业史》里面的话。在省中教班学习，时间虽然只有短短的半年，但可以说，那是我迈入新的人生之路的最重要的一步。

亲炙博学鸿儒乌以风

徐：您对乌以风先生特别敬重，请介绍一下乌先生对您的影响。

蔡：一个学生遇到一个好老师，往往可以改变这个学生一生的命运。乌以风老师名震江淮，堪称博学鸿儒。他的教育教学富于哲学的思辨、心理学的视野、诗人的情怀、国学的睿智。他在启发点拨的过程中，激发学生思考，让学生受益终身。他注重因材施教的教育原则，那严谨治学的精神、追求真理的品格、灵活多变的教学方法，让人难以忘怀。

当时安庆师范学校师资力量十分雄厚，从国立安徽大学过来的著名教师有张九皋、沈曾荣和乌以风等。历史老师是张九皋，他曾和郭沫若一起留学日本，颇有学问。乌以风老师原是国立安徽大学伦理学副教授，我读一年级时教我们心理学，三年级时教我们语文并兼任班主任，直至我们毕业。

1951 年春，我在安庆师范学校读第一学期时，数理化基础很薄弱。我发奋努力，查漏补缺，重点恶补数理化，终于迎头赶上，而且各门课成绩一直保持优秀。第二学期，我担任班上的学习委员，同时担任学生会副主席。第三年，乌以风老师担任班主任，他要我担任班长。我与其他学生一样，意气风发，刻苦学习，积极参加各项活动，努力完成学校和班主任布置的各项任务，良好的班风、学风在我们班慢慢树立起来。

我记得乌老师教我们一年级心理学课程时，他这样自我介绍：

乌以风先生在看书

同学们好！我叫乌以风，山东聊城人。我原来叫“乌以锋”，字“冠君”（在黑板上书写）。我在北大哲学系读书期间，蔡元培先生任校长，安庆人陈独秀是文科学长，梁漱溟、熊十力和胡适等教授都是我的老师。后来，熊十力先生对我说，你这名字需要改一下，“锋”字，锋芒太露了，不如取“君子之德风”①意，将“以锋”改为“以风”。尊师之言有理，遂改名为“以风”，字“冠君”（再次写出）。

乌老师当时近 50 岁，十分儒雅，如此一番自述后，就板书课题，开始上课。他一手工工整整的汉隶字体，遒劲有力，给我们留下了深刻的

① 见《论语·颜渊》。

印象。

我在安庆师范学校就读期间逐渐了解到，乌老师1902年出生于山东聊城，1922年去北京准备报考美术专科，后来却提前报考了北京大学并被录取，他1928年毕业于北京大学哲学系，毕业后师从国学大师马一浮先生近30年。乌老师历任浙江省图书馆编纂，省立杭州高中教师、教务主任，中华民国安徽省教育厅秘书、主任秘书，省立宣城中学校长、省立安庆一中校长，四川复性书院典学（从事管理工作）、都讲（相当于讲师），重庆大学副教授，参与创办景忠中学（现安徽潜山野寨中学）并任校务主任、次年任校长，在安庆师范学校执教前任国立安徽大学教授。

乌老师著有《李卓吾著述考》《李卓吾研究》《画要八则》《天柱山志》《马一浮先生学赞》《问学私记》《问学补记》《岳云山馆诗选》《儒释道三教关系史》《性习论》等。他是诗人、学者、新儒学宗师，为教育事业、为"古南岳"天柱山开发以及新儒学传承发展做出了重要贡献。

安庆师范学校当时新建的和平楼是三层建筑，一二楼楼梯两边都是教室，教室再往两边就是老师办公兼住宿的小房间，乌老师当时就住在东边的小房间。三楼是我们学生的宿舍。由于我是班长，我经常到乌老师房间请教，接受班级任务，乌老师对我教导也很多。我每次去乌老师房间，都看到他在认真读书、埋头写作。乌老师的房间里放满了各种书籍，墙壁上还悬挂着他的画作。

那时心理学课没有统一的课本，乌老师就亲自编印讲义发给我们。他编的讲义，简洁工整，条理分明；讲课时条分缕析，生动具体；教态和蔼，庄重而又亲切；语言十分精练、准确。我们听得十分来劲，也极为佩服和敬重他。

记得有一次讲梦，乌老师要我们课前随便写一个词语在小纸片上，他上课后收集这些小纸片，任意组合几张，再连成串读出来。这些小纸片上的词语，可以连缀成一组不确定的意象。他说，这些虽不关联却又有内在联系的一组意象，就相当于梦。一个接一个的梦境，简直就像变魔术一样不可捉摸，化抽象为形象，十分有趣，特别神奇。

有一次，乌老师讲马一浮先生读书的经验。他介绍说，马一浮先生十分重视读书的方法，他在抗战艰难时期曾撰《读书法》，论述和总结读书的方法和经验。马一浮先生说："欲读书，先须调心。心气安定，自易领会。若以散心读书，博而寡要，劳而少功，必不能入。以定心读书，事半功倍。随事察识，语语销归自性。然后读得一书，自有一书之用，不是泛泛读过。"乌老师强调，读书的终极目的在于明理修德，明理之旨终归还是养德。这些话对我影响极为深远。

乌老师还说："安庆人常风趣地说'响鼓不用重敲''师傅领进门，修行在个人''猴子不上树，多敲一遍锣''好记性不如烂笔头'。同学们要学会独立思考，自我领悟，多读多写，方才有效。"乌老师早在杭州的时候就教过高中语文，他的语文课也教得出神入化。乌老师教我们三年级语文时善于启发，他让我们读书前先思考，提出疑问，他予以解答，或者他讲解要旨，提出问题，让我们畅所欲言。乌老师这种善于启发、点拨的方法生动形象，对我影响很大。

我的语文成绩在全校中一直最好，我也喜欢舞文弄墨。读二年级时我曾在《安徽日报》《中国青年》和《语文知识》上先后发表多篇短文，老师和同学们都很赞赏我。乌老师一再鼓励我好好干，带领大家认真学习，夯实基础，还鼓励我多写稿，这样将来会有好成绩和发展前途。

乌老师治学严谨，擅长作诗。1937 年，他在药农的帮助下，依靠竹竿绳索，爬上人迹罕至的天柱山顶峰，考证"孤立擎霄"（清代李云麟题刻）的字迹。他站在顶峰，极目四望，吟诵《登天柱峰绝顶作》，其中颔联“立极方知天地大，凌空不见古今愁”极富哲理，无比豪迈。

乌老师不但教学技艺精湛，善于启发，还利用课余时间，让我们去他的房间里观赏他收藏的书法、绘画、古玩等。节假日期间他还带领我们登塔游园，眺望长江，讲解安庆历史人文掌故，寓教于乐，师生其乐融融。安庆是千年古城、百年省会，自古文风昌盛，大家辈出。了解“宜城”安庆的历史文化，使我们开阔了视野，增长了见识。我们穿越吴越街，徒步康熙河，探寻古城墙，走访大观亭、百花亭，考察百年老字号“余良卿”“麦陇香”，游览菱湖公园。在迎江寺，我们登临振风塔，俯视江面，船帆络绎不绝；远眺南岸，江南风光无比秀丽，我们竞相诵读有关长江的古诗，好不惬意。

宋代大儒张载语：“为天地立心，为生民立命，为往圣继绝学，为万

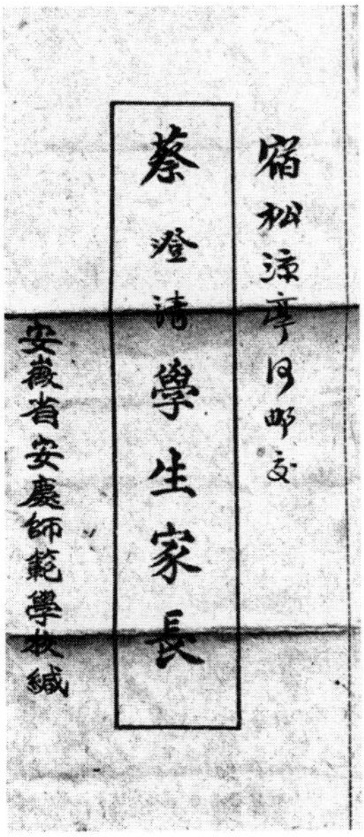
宿松涼亭河郵交
蔡澄清學生家長
安徽省安慶師範學校緘

乌以风老师填写的蔡澄清成绩通知书

世开太平。”60 多年来，乌老师介绍马一浮先生毕生践行的“横渠四句”一直令我壮心不已。他还用“念终始典于学”[①] 等儒家经典勉励我们，叮嘱我们要懂得做人、学习和治国安邦的道理，至今言犹在耳。

2003 年教师节，我写了《吾爱吾师——怀念乌以风先生》（见《教育文汇》2004 年第 1 期）一文，其中我拟了一副挽联缅怀乌先生。

① 见《尚书·兑命》。

第二章　教改前奏曲

走进省重点名校

徐：您第一次到芜湖报到，有什么样的印象？

蔡：1954年8月，我雄心勃勃地去芜湖市教育局报到，觉得我的人生开启了新的旅程。我暗暗下定决心，一定要有所作为，“天生我材必有用”。

芜湖自古享有“江东名邑”“吴楚名区”之美誉，被孙中山先生称为“长江巨埠，皖之中坚”。芜湖在安徽沿江两岸多个城市中处于重要的位置。

我第一次乘船去芜湖，当时洪水泛滥，灾情严重。江淮一带每到梅雨季节会持续下雨，冷暖空气在长江中下游上空盘旋徘徊。那年夏天，梅雨季节比往年长了一个多月。降雨强度大，笼罩面积广，长江干支流均遭遇罕见的特大洪水，不仅给当年造成重大经济损失，而且之后几年经济发展都受到一定影响。

徐：您毕业后一直在芜湖一中工作，请介绍这所学校。

蔡：芜湖市教育局将我分配到芜湖市第一中学。当时芜湖一中校址位于市区黄山路与九华山路交叉口东侧的张家山上，滨长江、依赭山、傍镜湖，环境优美，风景秀丽。芜湖一中一直是芜湖市规模最大的六年全日制完全中学，1999年晋升为首批省示范高中，初高中分开，成为独立的高中。芜湖一中校史悠久，学校前身是乾隆三十年（1765年）清政府建立的中江书院，到2020年建校历史达255年，施行“新学”（1904年公布《奏定学堂章程》，将芜湖一中的“新式教育”简称为“新学”）116年，堪称桃李芬芳满天下，“新学”百年领辉煌。

芜湖一中作为安徽省老牌重点中学，不仅历史悠久，而且具有光荣的革命传统。1911年武昌起义，芜湖许多学生自发参加青年军，投身辛亥革命。1919年五四运动，爱国学生写标语，做演讲，提出“取消二十一条”“抵制日货”等口号。具有共产主义思想的知识分子恽代英来芜湖宣传、教课，领导这场爱国运动。学生积极分子蒋光慈（后成为作家）被推举为“芜湖学生联合会”副会长，直接领导这场斗争。1921年芜湖“社会主义青年团”“马克思主义研究会”相继成立。学生钱杏邨（即后来的作家阿英）创办《苍茫》杂志，进行爱国宣传。抗战期间，学生们组织了抗日义勇军，每天坚持操练，积极宣传抗日，准备奔赴战场。1938年5月，芜湖沦陷，不少学生走上抗日前线。

新中国成立后，芜湖一中培养了不少人才，走出了多位中国科学院院士，如清华大学的卢强和顾秉林、香港中文大学的吴奇等；还培养了多位著名作家，如诗人刘湛秋、胡野秋等。

徐：您创作过芜湖一中的校歌歌词，请介绍一下。

蔡：1994年五四青年节，我创作芜湖一中校歌的歌词，谱成曲后曾传唱多年。歌词如下：

长江，奔流激荡；
赭山，桃李飘香。
我们江城儿女，相聚一堂。
肩负时代重任，
谱写四化乐章。

理想，勤奋，朴素，文明；
尊师，守纪，敬业，乐群。
优良校风代代传扬。
啊，一中！
你是知识的摇篮，
你是成才的土壤。
前进，同学们！
高举革命红旗，
学好本领，练好身体，
奔向未来，走向世界，
让我们火红的青春永放光芒！

校歌作为校园文化建设的一部分，具有历史文化传承性。我在写作歌词时，想到歌词要具有以下特点：要具有历史性、地域性，概括出自然风光和人文特色，富有诗情画意；要突出文化传承性，具有激励性、号召性，彰显鲜明的时代色彩，要有自豪感；语言精练，通俗易懂，一气呵成。

徐：您进入芜湖一中后，有着怎样的教育教学经历？

蔡：我 1954 年 8 月到芜湖一中工作，1999 年底 65 岁退休，在这所学校工作了整整 45 年。大致经历如下。

第一阶段（1954 年 8 月至 1975 年 7 月）：我在芜湖一中担任专职语文教师 21 年。其中兼任过几年的班主任，短时间兼教过初中历史。1954 年 8 月至 1957 年 7 月，我执教第一轮初中语文，其中 1955 年 9 月至 1957 年 7 月教的是两个班的汉语与文学，从初一一直跟到初三。1958 年 9 月起，我教高中二年制教改实验班语文，先教一年高中文科班语文兼班主任，后教一年高中理科班语文兼副班主任。这两个实验班与普通三年制班一起参加高考，取得了很好的成绩。1960 年至 1963 年，我继续教一轮高中语文，1962 年 9 月担任语文教研组组长，1963 年 9 月承担中学五年一贯制教改任务，到 1966 年 7 月“文革”开始而停课。1969 年冬天，芜湖一中一分为三，从城市下迁到农村办学，原校址新办了东方红中学（工读学校）分校，1971 年更名为“芜湖一中”，只有患肺病的我和另一位生病住院的物理实验员没有去宣城。复课后，我接着教高中语文。1971 年至 1975 年，我教了两轮高中语文（两年制）。

第二阶段（1975 年 8 月至 1979 年 3 月）：1975 年 8 月，我被抽调到安徽师大《汉语大词典》安徽编写组工作，时间近四年。我的各种工作关系当时仍然留在芜湖一中。

第三阶段（1979 年 4 月至 1999 年 12 月）：1979 年 4 月，我离开《汉语大词典》编写组，回到芜湖一中，既教语文又从事教育教学管理工作。这 20 年中，前 5 年我既教语文又担任教导处副主任，后 15 年我既教语文又担任业务副校长。

1979 年 4 月，我回校后教了约半年的初三语文，5 月份担任教导处副主任，9 月开始教高一语文，12 月赴上海参加全国“中语会”成立大会。1980 年我被评为语文特级教师。我教高二时主持设计了“初中语文年段分科实验”。

1984 年我任副校长后，把教导处一分为三——政教处、教务处、教科室，三方分工协作。芜湖一中高考成绩多年居全省前五名，甚至名列第一或第二名。我在芜湖一中教科研工作的先进经验，被省教育厅多次向全省重点中学通报和推荐。后来，学校规模扩大，管理任务重。1989 年，我由于过度劳累，肺病复发，住院治疗一个月后返校。后期我教高三文科班的“中国古典文学”选修课。

1991 年，上级决策改组芜湖一中校级领导班子，我继续担任副校长，分管学校教改实验、教育科研和培养青年教师三项工作。

1994 年 7 月，我本该 60 岁退休，组织上考虑到芜湖一中是百年名校，又是省重点名校，需要我支持学校的各项工作，市委、市政府领导要求我继续工作。于是，我继续在校长室工作，直到 1999 年底学校晋升为首批省示范中学后才退休。

第四阶段（2000 年 1 月至今）：我虽然退休离岗了，但我的教育科研工作仍未停止。在力所能及的情况下，我做了一些资料收集整理工作，出版了几本专著。后来，我被聘为安徽师大硕士研究生兼职教授，指导过一些青年教师。

教学自学双丰收

徐：您由初中一直教到高中，那时的教学情况是怎样的？

蔡：初为人师，我才 20 岁，当时的我充满激情，认真努力。我第一节初中语文课所教课文《进京日记》，是当时轰动全国的女劳动模范郝建秀写的。为了上好第一课，我精心准备，研究教学方法，注重落实基础知识。我逐渐注意到，在教学方法上要因材施教和发挥学生的天性，以鼓励为主，激发学生的学习兴趣；注意对个别学生单独指导，帮助其改正缺点。

我开始教两个初一班的语文课，每周六个工作日，共十八节课。后来汉语和文学分科，我接着教两个初二班的文学课，一直跟班到初三毕业。学校领导鉴于我的教学业绩较佳，要求我直接跟班教高中语文，于是我勇敢地承担起高中二年制文理分科实验班的语文教改实验任务，并兼任文科班的班主任。

芜湖一中有着严谨的校风、认真的教风和浓郁的学风，语文组教师们老中青三结合，实行传帮带，老一辈教师无私奉献自己的教学经验，中青年老师挑大梁，干劲足，满腔热情，富于活力。我虚心向老师们学习，边教边学，力争教学相长，尽快承担起第一轮初高中教学任务。我之所以顺利承担第一轮初高中语文教学工作，得益于我坚持自学和进修。

徐：请您谈谈自学与进修的情况。

蔡：我一直坚持业余自学，在职进修，不仅是为了提升学历层次，更是为了更好地教学相长，切实提高教育教学质量。我一方面从书本上学习，充分吸取前人的知识，提高自己的专业文化水平；另一方面，我在教学实践中学习，总结经验教训，提高教学业务能力。我对专业文化知识的学习大体经历了三个阶段：

一、边教边学，教学相长

芜湖一中名师多，教学要求高，我年纪轻，底子薄，刚开始，教学能力较差，进修也没有经验，教学上遇到很多困难。怎么办？为应付教学急需，我从实际出发，围绕教材，以教学为中心，边教边学，查漏补缺，以教带学，以学促教，教学相长。

1955 年秋，中学语文汉语和文学分科，古典文学作品增多。汉语知识博大精深，我抓紧时间学习与教材相关的知识。如教学《君子于役》，我就找来《诗经今译》《中国诗史》，学习其中相关部分；要教《卖炭翁》，我就读白居易的诗，了解文学史中的相关评论。我还尝试将古诗文翻译成白话文。遇到语法、修辞、逻辑等方面的知识，我就找有关书籍，认真选读其中章节。这不仅是一种教学应急方法，也不失为一种有效的进修方式。

我养成了边读边记笔记的习惯，日积月累，我的知识系统逐渐丰富起来。当时我在《芜湖报》和《安徽日报》发表了一些短文，在安徽省《江淮文学》发表过《挺起胸膛，打掉自卑》《向古人、名人、洋人挑战》等文艺评论文章，《江淮文学》1958 年还请我做特约撰稿人并给我颁发了证书。

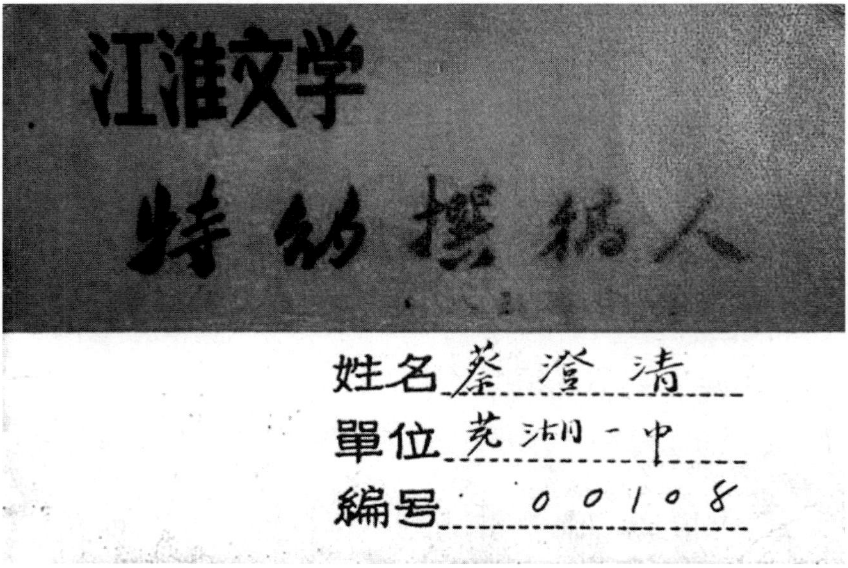

《江淮文学》特约撰稿人证书（1958 年）

我把自学与教学研究紧密结合起来，在实践中学习，在总结中提高。1956 年，中学语文课本编入了一些“作家介绍”的课文，于是一项全新的教学任务产生了。在教《杜甫》这一课时，我做了一些教学实验，学生反映较好，我及时总结经验，写了一篇教学总结，后来发表于北京《语文学习》1956 年第 11 期。这是我第一次发表语文教学论文，全文 4000 字左右，除收到样刊外，我还收到 135 元稿费，这在当年堪称一笔不少的稿酬。

1958 年，我根据自己教初中文学课的实践经验，对初中文学课的一些主要教学环节和教学方法做了整理和研究，记了几十万字的笔记。我写了《不要忽视〈文学〉课本的“练习”》一文，发表在上海《语文教学》1958 年第 5 期。

二、系统进修，全面学习

从 1956 年起，我本着由近到远、由易到难、循序渐进的原则，开始有计划地系统学习。

首先学习现代汉语。我读了《汉语语法常识》《语法修辞讲话》《修辞概要》《修辞学发凡》等，接着自学了《中国新文学史稿》，并阅读了一些现代文学作品。

后来我参加了芜湖市夜大政治系的学习，经过四年学习，我正式毕业。同时，我报名参加了华东师范大学中文系的函授学习。尽管这时候我已教高中课程，又担任班主任，而且肺病越来越严重，我还是边工作、边治疗、边学习。在五年时间里，我按照函授计划学完了各门课程，如文学概论、现代汉语、中国现代文学、中国古典文学、古代汉语、语言学概论等，经过考试，我获得了毕业证书。

为了配合高中语文教学，我还补充自学了斯大林的《马克思主义与语言学问题》，以及教育学、心理学、逻辑学和美学等著作。我同时参阅其他著作，按照文字、词汇、语法、修辞、逻辑、写作以及文艺理论常识等类别，整理出《中学语文基础知识问答》笔记几百条，其中一些文字形成短文，后来发表在报刊上。

通过这些系统学习，我不但取得了两个本科文凭，还积累了大量的语文知识，对我胜任初高中语文教学工作以及日后教科研工作起到了决定性作用。

三、深入学习，重点钻研

我担任教研组组长后，自我要求更高了。适逢高中文言文知识分量加重，我把业余进修的重点放到文言文教学这一块。我花了三年时间，把高中文言文知识按照文学史顺序组合成许多单元，分批分期逐一进行分析研究。我教授文言文作品时，广泛搜集资料，只要遇到与之相关的作家、作品的研究材料，我都进行深入学习，并把教学参考书上的资料和报刊上的分析文章加以比较，综合各种见解，取其所长，为我所用。这些后来整理成了《中学文言文析译》笔记，几十万字。结合翻译的资料，我编写了十几万字的《中学古文翻译教学参考资料》，制作文言常用词和文言特殊句式的例证资料卡片近千张。

1963 年，我又从初一教起。为了使中小学语文更好地衔接，我还到小学去听课，学习小学语文老师的教学经验。1970 年以后，我专门学习研究鲁迅作品教学。

这几个阶段虽各有侧重，但并不是孤立的，而是彼此联系、相互配合的。

徐：教学任务重，自学时间紧，您如何处理这一矛盾呢？

蔡：学习出智慧，实践出真知，总结长才干，对这一点我深有体会。要处理好工作与学习的矛盾，必须注意以下几点：

1. 明确目的，为教学服务。我的自学进修是从解决教学困难开始的。我自知如果不努力，就难以胜任中学教学工作，难出好成绩。刚开始我头痛医头，脚痛医脚，东一榔头西一棒，目的不明确。后来根据教学实际需要，我扎扎实实地学知识，总的目的就是教好书。

2. 长计划，短安排。我制订了两个计划，一是自学大学专业课程，二是确立重点，侧重钻研教材。我把这些计划分解到一个学期、一个月、一周、每一天里去，每一天又安排到早中晚课余的零星时间里去。这种短安排日积月累，持之以恒，我就不知不觉完成了长计划。在不到五年的时间里，我拿到了两个专业的毕业证书。后一个计划虽然取得了一定成绩，但我真正深入学习与教学研讨的阶段是在 20 世纪 70 年代末以后。

3. 挤时间，循序渐进。把学习内容化整为零，分散学习；把学习时间聚零为整，见缝插针。每天花一个小时阅读报纸杂志，自学时间确保一两个小时，节假日更多一些。一有时间就看一点书，这已成为我毕生的习惯。

4. 多读多写，苦练基本功。有人说语文教师要做一个杂家，这是有道理的。杂，就体现在“上知天文，下知地理，文经武律，以立其身”，就是要学识渊博、博学多才。具体到读写方面，教师要求学生多读多写，自己也应多读多写。多读要把“博”与“精”结合起来，专业书要精读细读，然后辅以其他读本，比较参照，汇各家之长。阅读要尽量广泛一些，古今中外的名著都要读一些，还要读报纸杂志，学习时事，了解学术动态。这就是语文教师的“杂”。

写的方面，我的体会是：（1）多做笔记。遇到有用的资料，就随时做提要或摘录。（2）及时写教学心得，也就是现在所提倡的教学反思。（3）练习写各种文体。多练笔，也可以投稿。（4）多写“下水文”。我跟语文课外小组的同学们一道，编辑小报，出专刊，写前言、后记。我深切地认识到，多读多写是语文教师不断提升的一条重要途径。

5. 知难而进，持之以恒。要认真学一点东西，都会遇到困难的。我当时面临的最大困难是经常生病，我边工作边治疗，达五年之久。我认为，一定要拿出毅力，战胜困难，战胜疾病，将学习坚持到底。“学然后知不足，教然后知困”，活到老，学到老，教到老。教学相长，我们永远在路上。后来，我与青年教师交流，也一再强调：加强学习，是为了做一个好老师，为了教好书。把终身学习与业务进修当作一种职业素养目标来不断追求，才能真正达到学有所成、学有所获、学以致用。

立下终身从教志

徐：您毕生从教，从一而终，有过其他选择机会吗？

蔡：我的教师生涯可以说并不平坦。算起来，我主要有三次选择。

第一次选择是为了有学校可上。我读过私塾、小学和初中，经历了几次辍学。为了有书可读，1951 年春天我考取了安庆师范学校。我当时只想有书可读，虽然我对语文学科有所偏爱，但我对教师职业并没有认真地规划。读安庆师范学校二年级时，有一天我阅读了《人民日报》一篇社论《稳定和发展小学教育，培养百万人民教师》，我很感动，写了一篇读后感寄给《安徽日报》，热忱地表示自己将来要当一辈子教师。报社居然很快发表了这篇文章，老师和同学们都对我大为赞许。这样一来，我当教师的决心算是下了。

徐：那第二次选择是如何的？

蔡：第二次选择充满酸甜苦辣。1954 年秋，我患上了肺病，经常咯血，但一直坚持工作。

1958 年，我承担了两个高二文理教改实验班的实验任务，并兼任文科班班主任，再加上肺病，繁重的压力让我喘不过气来。在带领学生去四褐山劳动途中我咯血，后来住进了医院。经检查，我的右肺已出现蜂窝形空洞，正处于溶解期，需每周做一次人工气腹治疗。医院开具证明，说我不宜再从事教师工作（吸粉笔灰，又长期伏案工作），建议从事别的工作。是继续当语文教师，还是改行？我内心充满矛盾。

这时候，我以前教过的初中学生和当时带的高中学生，三三两两来到病床前，有的含着热泪说："蔡老师，您快点好起来，我们都在等您给我们上课！"

面对这些求知若渴的学生，我真的舍不得离开他们，还有教改实验，都像磁石一样紧紧地吸引着我。于是，我痛下决心"坚决不改行"。经过短暂的休养，我强忍着病痛继续走上讲台，后来坚持做了长达五年之久的人工气腹治疗。经过这一次艰难的选择，我对教师工作的感情更深了。

徐：重病后重回讲台，您这次选择真的不容易。那第三次选择是怎样的呢？

蔡：1975 年秋天，安徽师范大学成立《汉语大词典》安徽编写组，我被借调到那里工作，一干就是几年。1978 年，安徽师范大学成立语言研究所，组织上已确定调我到该所，并已上报分管的副省长审核同意。看来，我的后半生要与粉笔生涯绝缘了。

这时我平静的心又掀起波澜，第三次选择终于来到了。随着教育被提到重要工作上来，省教育厅已将芜湖一中恢复为重点中学，芜湖一中领导希望我回到学校教书。做研究和站讲台，哪一个更适合我？到大学工作，可以钻研学问，我确实有点犹豫……

正当两边都在争取我的时候，芜湖一中党支部书记秦孔仕登门向我转达了组织的深情，并代表全校师生欢迎我回学校工作，为办好重点中学做出贡献。在我心灵深处，可爱的学生以及教改实验梦想又在向我频频招手了。

有不少人说我太傻了，就这么轻易放弃进高校的千载难逢的机会，但我毅然决然地做出了重返讲台的决定。虽然离开自己也喜爱的高校研究工作有点不舍，但我还是经过深思熟虑的。

除了这三次，我还有多次工作与职务变动的机会，但我都没有动摇。例如20世纪60年代初，省教育厅分管教科研的副厅长曾提名调我到省教科所（今安徽省教育科学研究院）任职，由于我全家住在芜湖，我便婉拒了。

最后，我还要说句心里话：即使再有一千次选择职业的机会，我也还是会坚定地选择中学语文教师这个职业！

年轻的教研组组长

徐：您在担任语文教研组组长后，是如何开展教学与教研工作的？

蔡：由于我教过初中和高中，又开展过教改实验，教学质量较佳，1962年我被学校任命为语文教研组组长。这一年我28岁，才工作了8年，这对我来说是一种鼓励和鞭策。作为全市最大规模的完全中学，芜湖一中的语文组人才济济，资深老教师很多，要想开展好语文组教研活动，对我而言是一项新的挑战。

既要带头认真教学，又要开展教改实验，还要自学进修，我身体又不好，感觉到责任很重、压力很大。我虚心向老教师学习，建章立制，起草、制定、健全了语文教学工作规程，拟订了教研组工作计划。老师们一起学习和实践，广泛开展各种活动，开展教改实验，进行中学语文基本训练、各种文体的教学，尤其是对阅读教学、作文教学、课外阅读指导等分别做了探讨，总结了不少教学经验，教研组工作不断推进。

经过两年的努力，1964 年芜湖一中语文教研组被评为芜湖市先进集体，由我代表教研组参加芜湖市先进集体和先进生产工作者代表大会，接受表彰。

“一花独放不是春，万紫千红春满园。”作为教研组组长，我一方面努力做好教研组工作，另一方面带头搞教研，以身作则，带动全组的教研活动。

1971 年学校恢复教学后，语文教研组要给老师们开讲座，我根据以前积累的文言文等资料，摘要整理编辑成“介绍几个常见文言虚词”“常见文言句法特点例释”等教学专题，印成书面材料，发给大家交流。

徐：这对您今后的工作有何作用？

蔡：正是长期担任教研组组长，锻炼了我的教研能力，为我后来的发展打下了良好基础。

我注重开展教学研究活动，制订每学年、每学期的教研计划，学期初有安排，中途有实施，期末有总结，形成了一套完整的教研体系。这些行之有效的计划和制度，保证了教育教学质量的提升。老师们听课观摩、专题研讨、以老带新，教研组还通过“走出去、请进来”的方法，开展校际交流。老师们平时在一起谈得最多的就是有关教材、教法、学生与成绩等话题，语文组在学习交流中整体水平有所提升。

同时，我也注重及时总结教学经验，整理撰写教学论文，在安徽《教改简报》和《安徽教育》等刊物连载发表。这激发了我的教研兴趣，对我后来各项工作都起到了促进作用。

徐：您初上教坛就承担语文教改实验任务，您是怎样开展这些实验的呢？

蔡：我从事中学语文教学工作之后，一直注重开展各种教改实验。20世纪50年代末到60年代初，基本上属于个体实验阶段。

第一次语文教改实验是新中国成立初期中学语文教材教法的改革实验，主要是1955年开展汉语、文学分科实验。我承担文学实验任务，王欲惠老师承担汉语实验任务。

我积累了大量汉语和文学知识，拓宽了视野。如在教学《君子于役》时，我参考了《诗经今译》《中国诗史》，讲课时得心应手，并坚持做《中学语文基础知识问答》读书笔记。

这次中学语文汉语、文学分科教学，是语文教育发展历程中的重要一环，虽然时间很短，但改革的意义很大，其主要目的在于探索语文教育的科学化问题。它的成功之处是学科知识系统化，凸显文学性。这次教改，我边教边学，一方面大力加强自学进修，恶补相关的文学知识，另一方面加强课堂教改实验，我终于顺利完成任务。

徐：第二次教改实验是如何开展的呢？

蔡：第二次是开展高中文理科分科实验。

1957年，我教完初中，第二年就接着教高中，并接受了学校安排的高中二年制文理分科的改革实验任务。当时普通高中是三年制，这次改革实验要求用两年时间完成普通班三年的教学任务。语文课用的仍是三年制高中统编课本，怎么教由实验教师自行探索决定。为了缩短时间，提高质量，我一方面调整教材，另一方面改革教法，力争提高教学效率，多快好省地完成教学改革创新的实验任务。

第一年，我教文科班语文兼任班主任，第二年，我教理科班语文兼任副班主任。经过两年的改革实验，学生提前一年考大学，两个实验班的学生和三年制高中毕业班学生一起参加全国统一高考，都取得了优异的成绩。大部分学生考取了全国重点高校，实验取得了很大成功。

徐：*第三次教改实验是如何开展的呢？*

蔡：第三次是初高中五年一贯制实验。

完成高中文理分科教改实验后，我教了一轮三年制高中。担任语文教研组组长后，为了带头搞教改，1963 年秋，我主动请缨从高三调到初一，执教这一年刚招进的中学五年一贯制教改实验班（共三个班，当时全校初一共六个班），还带领两名刚分配来的大学中文系毕业生跟我一起教语文实验课。他们和我一起备课，并长期听我教的超前课，先学后教。这次实验用的仍是六年制初高中语文统编课本，要求五年教完，不能降低质量。学生不分初高中，五年后直接参加高考。至于具体的改革实验方案，由我们自行研究决定。学生不按初高中分两个学段，而是称为“中一”到“中五”，教材和教时（周课时和三年制初高中相同）的处理一律由任课教师自行安排，没有统一规定。

这次实验本来应该从 1963 年秋进行到 1968 年夏，可惜只进行了三年，1966 年夭折。这期间我从“中一”教到“中三”（已涉及高一语文课文了）。

尽管我们已经有高中文理分科教改实验的经验，但在这次教改实验中，我们同样面临教学任务重和教学时间少的矛盾，逼着我在调整教材和改革教法上狠下功夫。在这两轮教改实验中，我着手改革传统教法，尝试用较少时间来教完较多教材，这就只能在教学内容上分清主次，突出重点，兼顾一般；在教学方法上教师精讲，着重引导学生自学多练。

在这几轮教改实验中，我积累了一些提高教学效率的实践经验，探索了切实提高教学质量的教学方法，为我后来进行点拨教学奠定了基础。此时我还处在点拨教学实践的萌芽状态，我在点拨教学上虽有一些朦胧的想法，但尚未形成明确系统的点拨教学概念。

徐：这几次教改实验，可以认为是点拨教学法的“前世”吗？

蔡：可以这么看。每次教改实验，我都认真对待，无论是宏观思考设计，还是微观具体实施，我都及时总结，不断反思，改进调整，达到或超过了预期效果。

在改革开放初期的年段分科教改实验中，我致力于改进教材和教学方法。我吸取前几次教改实验的经验，形成语文教学“重在点拨”的教学观念。

从我读私塾受到名师的启发式教学，读安庆师范学校时受到乌以风老师的指点迷津，到经过这几轮初高中不同时期的教改实验，我才逐渐形成了点拨教学观。由接受启发熏陶，到受到启发教育，再到亲自进行教改实验，我的点拨教学观由浅入深，由萌芽到明晰，由启发原则到教改实践，有一个渐进深化的发展过程。可以说，这都属于点拨教学法的“前世”。

参编《汉语大词典》

徐：蔡老师，在您的工作经历中，有两个阶段不同寻常。第一个阶段是参编《汉语大词典》，请您先谈谈这四年的情况。

蔡:《汉语大词典》编写工作是在“文革”后期起步的。当时我国的文化事业遭到严重摧残，在辞书方面，只有《新华字典》问世。词典尤其是语文性的词典是人们学习、工作必备的工具书，现代社会生活怎么能离开词典呢？1975 年，辞书极端贫乏的状况再也不能继续下去了，“辞书荒”已到非解决不可的时候了。

1975 年 5 月 23 日，国家出版事业管理局在广州召开了中外语文词典编写出版规划座谈会，讨论解决“辞书荒”的问题。会上确定了组织编纂一百余部大中型语文词典的计划，《汉语大词典》是其中规模较大的词典之一。广州会议拟定的中外语文词典编纂规划得到了邓小平同志的热情支持，并呈报当时卧病在床的周恩来总理。周总理以极大的热忱支持这项工作，8 月 22 日在病榻上批准了这份文件。中央非常重视《汉语大词典》的编纂工作，先后批发过三个文件。

由当时的华东五省一市编纂的《汉语大词典》，先后动用上千人，从三千余种古今图书、报纸杂志中摘录资料卡七百余万张。数百位语言学家和专业工作者参加了编纂工作，堪称一项规模空前的壮举。

已出版的《汉语大词典》十二卷

1975年秋，安徽省《汉语大词典》编写组正式成立，由省委宣传部和省教育厅负责抽调人员参加编写，编写组定在安徽师大办公。参加编写工作的成员大多数是安徽师大中文系、政教系、历史系等的知名教授。当时，我被抽调是省委宣传部批准、省教育厅提名、芜湖一中同意的。我是抽调到《汉语大词典》安徽编写组的唯一一个中学语文教师。当年秋，我参加了在上海召开的首次编写会议。

由于编写任务繁重，从1976年起，安徽省编写组分别在安徽大学、中国科技大学、安徽劳动大学及阜阳师院等高校单独成立编写小组，各小组分工合作，共同承担分配给安徽省的编写任务。后来各高校扩大了编写队伍，增添了成员，也增加了少数中学教师。安徽编写组总部仍设在安徽师大和省出版局。

《汉语大词典》编辑委员会设主编一人，副主编八人，编辑委员若干人。这项巨大的编写工程，五省一市共历时10多年才全部完成。《汉语大词典》全书12卷，共收词目37万多条，5000余万字，是我国大型的汉语辞书。第一卷1986年11月由上海辞书出版社出版，著名学者罗竹风担任主编，其余各卷后来陆续出版。它的出版发行，是我国文化界、学术界，特别是语言学界的一件大事。

《汉语大词典》被国务院列为重点科研项目，是国家文化建设的一项大工程。这部词典在整理分析大量资料的基础上，对汉语的发展演变做出了科学的、历史性的基本总结，为繁荣国家的文化事业，提高全民族的文化水平注入了新的动力。能参与该书的编写，我感到十分荣幸，只可惜未能坚持到底，只在1975年到1979年工作了近四年。

这四年间，编辑领导小组共召开过三次编写组会议，我都参加了。编写组会议由五省一市编写组组长和骨干编写成员参加。第一次编写组会议在上海锦江饭店召开，第二次编写组会议在江苏扬州召开，第三次编写组会议于 1977 年 9 月在山东青岛召开。青岛会议是一次拨乱反正的会议。这次会议的主要内容是清除对《汉语大词典》编纂工作的干扰和影响，使这项工作步入正确的轨道，并就资料工作、组织体制和编写队伍的建设等一系列问题做出决定。会议开了近一周。我受安徽编写组的委托，代表安徽编写组做专题汇报，汇报的题目是《关于大词典条目收录的几个问题》，该文经《汉语大词典》副主编张涤华教授审阅修改，受到与会专家们的称赞。

1978 年 9 月，我在黄山参加《汉语大词典》安徽编写组第二次会议。黄山会议上，按照五省一市分配的编写任务，依照《康熙字典》214 个部首确定分工：山东负责“八、力、十、士”等 29 部，江苏负责“角、谷、鸟、鱼”等 73 部，安徽负责“木、止、气、水”等 13 部，浙江负责“寸、山、心、手”等 25 部，福建负责“乙、火、玉、田”等 25 部，上海市负责“白、皮、目、示”等 36 部；编纂处负责“一、人、文”等 13 部，分头编写。

第一次编委会强调这部书的历史性质，第二次编委会强调这部书的语文性质。“语文性”“历史性”，就是编纂《汉语大词典》的总方针。

黄山会议以前，《汉语大词典》的编写工作主要是收集资料；黄山会议以后，五省一市采取措施，调整充实了各编写组的力量，陆续转入编写阶段。

1979 年 9 月，《汉语大词典》编委会议在苏州召开，会议修正通过了《关于〈汉语大词典〉收词原则的规定》和《〈汉语大词典〉试行编写体例》两个基本文件。

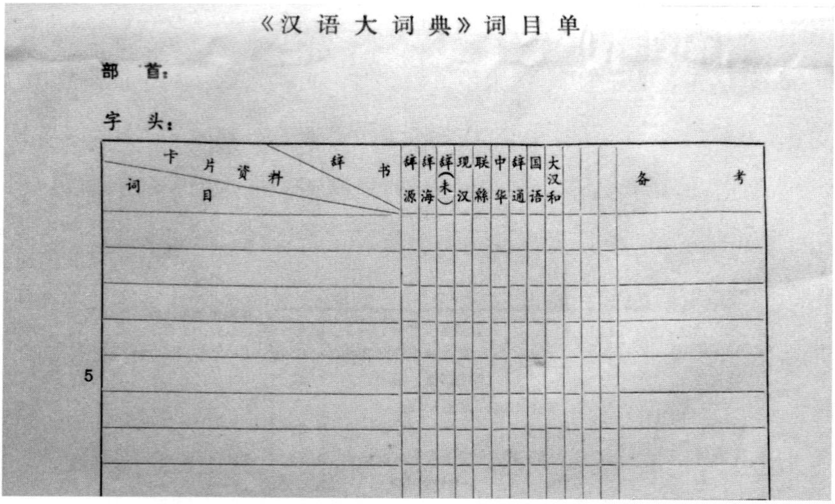
《汉语大词典》词目单

部　首：

字　头：

卡片资料 辞书 词目	辞源	辞海	辞（未）	现汉	联绵	中华	辞通	国语	大汉和			备考

《汉语大词典》词目单

徐：编纂《汉语大词典》这一浩大的辞书工程，显然浸润了许多人的心血。

蔡：参编《汉语大词典》时，我有幸结识了吴孟复、宛敏灏、杨纪珂等安徽文化名家。

吴孟复是当代古籍学家、古典文学研究家，他曾朗诵一副对联："光阴迅速，纵时刻读书写字，能得几何？恐至老无闻，趁此日埋头努力；世事艰难，即寻常吃饭穿衣，亦非容易。念在勤不愧，免他年仰面求人。"此联给我留下了深刻印象。

宛敏灏是词学专家，与张涤华、祖保泉齐名，时称安徽师大的三大"文学元老"。我有一本《赭山三松集》，就是这三人的古诗词合集。我和他们在黄山和九华山一道参加过多次编写会议，他们都是我的忘年交和师友。

徐：听说编词典之余，您还写了几十首诗歌作品，能否展示若干，让读者朋友们一睹为快？

蔡：这期间，我多次登上黄山，写了《黄山吟草（二十首）》。这里选录几首，以飨读者，欢迎指正。

初上黄山

黄山巍峙果然奇，峭壁飞天胜九嶷。①

万座青峰天际立，回看五岳竟嫌低。②

玉屏楼眺天都、莲花二峰

登高艳羡上天都，但见莲花更上游。③

今日欲穷千里目，还需更上两层楼。

题迎客、送客二松

双立悬崖战雨风，迎来送往几秋冬。

千年不减凌云志，犹劝登高志莫穷。

过百步云梯

云梯百步半天悬，行在虚无缥缈间。

且跨烟霞飞渡去，莲花峰上做神仙。

---

① 九嶷，湖南省名山。毛泽东有诗句："九嶷山上白云飞，帝子乘风下翠微。"

② 前人有"五岳归来不看山，黄山归来不看岳"诗句。

③ 天都峰和莲花峰为黄山的两座高峰。莲花峰为最高峰。玉屏楼在两峰之间山腰处。两峰遥遥相对，山势峭拔，峰奇景美。

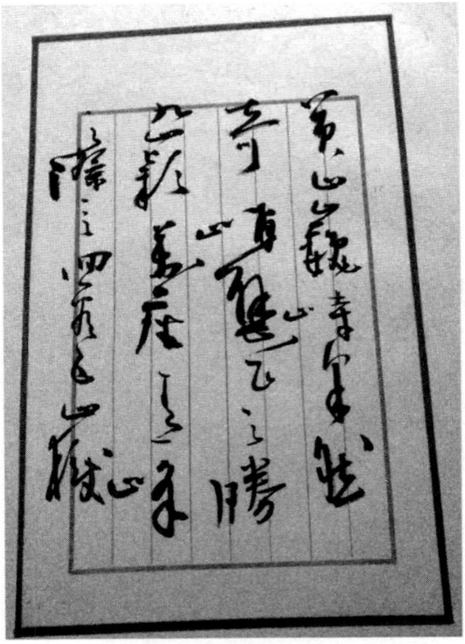
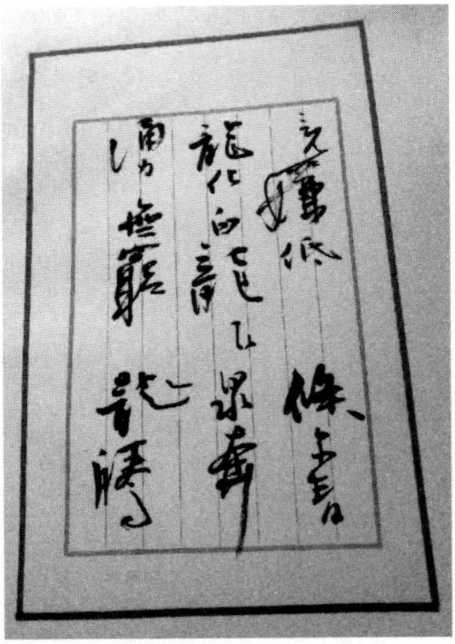

陈军的书法作品《黄山吟草》

1976 年 1 月 8 日，敬爱的周恩来总理与世长辞。1977 年 1 月 8 日，我作《纪念周恩来总理逝世一周年》词两首，兹录如下：

江城子

风云叱咤几多年，看今天，竟长眠！万种哀思，欲诉竟无言。一代伟人归去也，留巨业，赖谁肩？

人民领袖挽狂澜，斩狼豺，扫凶顽。日出云开，遗愿化新篇。壮志凌云欣有主，跃战马，更催鞭！

水调歌头

革命旗高举，马列记心间。步步紧跟形势，重任担双肩。不避风高浪险，哪怕出生入死，奋力挽狂澜。争奈操劳急，霜鬓夺红颜。

忠心献，宏图展，喜空前。不料伟人归去，总理竟长眠！八亿神州痛哭，万里山河呜咽，恩泽被人寰。伟业垂千古，丰功颂万年。

徐：参编词典这四年与您后来的语文教学与科研有什么样的关联？

蔡：在参编《汉语大词典》之后，我还应邀参编过《学生辞海》等工具书。这四年，我结识了许多语言学家，学习、积累了一些汉语知识，开阔了视野，丰富了汉语词典编纂专业知识，培养了认真、规范、严谨的治学精神，提升了自身语文素养，这对我后来从事语文教学与研究有很大的促进作用。我深刻地认识到，一笔一画、一字一词一句、一个典故，都需要正本清源，科学、严谨、规范，体现语文教师对祖国母语应有的敬意，体现语文教师应有的学养和风范。至今，我还是非常怀念参编词典那段难忘的时光。

亦师亦友张涤华

徐：蔡老师，您说过乌以风和张涤华是对您一生影响最大的两位老师。对于张涤华先生，您再详细说说？

蔡：是的，他们是对我一生影响最大的两位老师。

张涤华先生

张涤华先生是安徽凤台人，是我国当代著名语言学家和词典专家，1937 年毕业于武汉大学中文系，抗日战争期间先后辗转于湖北、湘西、重庆等地任中学语文教师，1948 年后先后任安徽大学教授、合肥师范学院教授、安徽师范大学教授，担任安徽师大中文系主任和语言研究所所长，长期任中国语言学会常务理事、安徽省语言学会会长、《汉语大词典》副主编、《全唐诗大辞典》主编。张涤华先生师德高尚，学识渊博，著述丰硕，在全国语言学界享有盛誉，为安徽省博学鸿儒，桃李满天下，他为人民的教育和文化事业无私地奉献了自己毕生的精力。

我和张涤华先生从相识、交往到共事，历时 40 余年。先生是我的老师，也是我的朋友，他长我 25 岁，我尊称他为“张涤老”，我们之间一直有着特别的缘分。

1954 年秋，我分配到芜湖一中任初中语文教师。张涤华长女张春竞正好在芜湖一中读初一，刚好我是她的语文老师。这孩子很文静，学习努力，成绩优良，给我印象较深。不久，我与张涤华先生就相识了，先生温文尔雅，和善亲切。

几年后，我参加华东师大中文系函授，学习现代汉语和古代汉语时，为了扩大知识面，我认真拜读了先生于 1958 年在高等教育出版社出版的《现代汉语》，觉得该书见解深刻，论证周密，材料丰富，令我获益良多。这次学习，增添了我对先生学术造诣的仰慕。我还聆听过先生为芜湖市中学语文教师举办的汉语学术讲座。先生的每一次讲演都言简义丰，精辟独到。有一次讲座后，我向先生请教几个问题，先生逐一做了回答。他博学多识，诲人不倦，我们的交往和切磋交流又深了一层。

1963 年，我执教中学五年一贯制教改实验班语文课。为了搞好教改实验，我曾请教张先生如何处理好教材多与教时少的矛盾，先生热情指导，提示适当调整教材和改革教法，这为我后来进行语文点拨教学开启了探索之门，打下了实践基础。这一年，先生写的《毛主席诗词小笺》在安徽人民出版社出版，他特别赠给我一本。拜读后，我敬佩先生考据翔实，评析精当，更仰慕先生对古诗词规律的娴熟运用和诗词创作的高水平。他写过一首《携儿辈游赭山》的七言绝句：

雨洗山林着意妍，攀枝扪石竞登先。
江城风景真如画，绝顶重来又一年。

读此诗，我觉得诗风清新有趣，便学着写了一组《鸠江竹枝词》，其中有一首《秋游赭山》，原诗如下：

闲来漫步赭山头，万里风光入素秋。
放眼西郊田黍熟，家家户户庆丰收。

1971 年，我开始执教二年制高中语文，这时，张先生的小儿子张御冬升入芜湖一中，真是凑巧，他也在我执教的班级学习直至毕业。这一巧遇，让我和先生之间又多了一重师、生、家长的关系。御冬学习刻苦，兴趣广泛，文理兼优，作文成绩特别好。我编印《新苗茁壮》作文选，选收他的好几篇作文。御冬生活简朴，省吃俭用，积攒了一点钱就去新华书店买书，深显书香门第的特色。只是他后来并未承父业学文科，而是深爱数学。事又凑巧，他大学毕业之后分配到芜湖一中当数学和计算机教师，我们又成了同事。这样一来，我和先生及其子女之间又增添了一些情缘，更加深了我们两代人和两家人之间的友谊。

徐：您说与张涤华先生之间的关系"亦师亦友"，原来如此。

蔡：我与张先生还有一段共事的经历，让人难以忘怀。

我在安徽师大《汉语大词典》编写组上班，和先生就成了同事。《汉语大词典》安徽编写组组长是张紫文教授，先生担任学术顾问，负责编写指导。编写组的不少成员是先生以前的学生，如陈庆祐、谢芳庆等。我们遇上不懂的问题都要向先生请教，他总是言传身教，每问必答，耐心细致。每当我感到"山重水复疑无路"时，经他一指点，就顿觉"柳暗花明又一村"。四年间，先生耳提面命，我亲聆教诲，感觉如沐春风，受益良多。

有一年，相传芜湖一带会有地震，上级要求人们夜晚在房屋外面搭帐篷睡觉，长达一个多月。先生家也在树下搭了草棚，但他每天晚上都坚持在草棚里挑灯夜战，看书写作。身处如此艰苦的环境，他仍然孜孜不倦，严谨治学，真的让人感动不已。

我从先生处学得了知识，学会了科研，更学会了如何为人处世，这使我终身受益。我刚到词典编写组不久，就开始系统阅读先生写于 20 世纪 30 年代的著名学术专著《类书流别》（后于 1958 年重印、1985 年修订），我认真做了摘录和笔记，这对我从事辞书编写和科研帮助很大。

1977 年去青岛参加编写组会议时，我为安徽编写组写了一篇有关选收词目的汇报稿，送给先生审阅。先生逐字逐句审读修改，和我当面交流讨论。后来，我还写了一篇有关从李商隐的《李义山诗集》中选收古汉语词目问题的学术论文，送呈先生，他同样认真审读，提出了几个问题，在原文中画了许多铅笔杠杠，提示我思考斟酌和进行修改。这种亦师亦友的教诲与帮助让我感动。

正当安徽师范大学即将调我去刚成立的语言研究所时，省教育厅决定将芜湖一中恢复为省重点中学。在 1978 年召开的有关会议上，芜湖一中向省教育厅提出请求，想让我回芜湖一中工作。我最终放弃调入安徽师大语言研究所的机会，于 1979 年 3 月底离开词典编写组，离开了共事近四年的张先生，回到芜湖一中教语文了。

后来我忙于教学和校务，虽然也曾拜阅先生的《张涤华语文论稿》（安徽教育出版社 1983 年出版）、《古代诗文总集选介》（上海古籍出版社 1985 年出版）等著作，但都只是匆匆浏览，未及细读。后来，张先生病重住入芜湖弋矶山医院，我代表芜湖一中领导也作为学生和朋友去探望过一次。1992 年 12 月先生仙逝后，我到殡仪馆与先生作遗体告别。当我和先生的几个孩子握手致慰时，心中的愧疚和沉痛只能和着泪水向内心深处流淌。

2007 年是张涤华先生逝世 15 周年，我敬呈七绝一首，谨献一瓣心香：

亦师亦友几经年，风范长留天地间。
物换星移十五载，我呈敬意祭先贤。

“少、慢、差、费”讨论引发教改潮

徐：20 世纪 70 年代末，吕叔湘先生指出语文教学存在“少、慢、差、费”现象后，曾引起全国大讨论。对吕先生提出的这种现象，您怎样看？

蔡：吕叔湘先生在 1978 年 3 月 16 日《人民日报》上发表了《当前语文教学中两个迫切问题》，引起全国关于语文教学存在“少、慢、差、费”的大讨论，被称为“吕叔湘之问”。

吕叔湘先生指出：“中小学语文教学问题是个老问题，也是当前不容忽视的一个严重问题。中小学语文教学效果很差，中学毕业生语文水平低，大家都知道，但是对于少、慢、差、费的严重程度，大家恐怕还认识不足。中小学语文课所用教学时间在各门课程中历来居首位。”这篇文章提出了三个问题：一是语文教学效果差，学生语文水平低；二是语文教学效率低，“少、慢、差、费”现象严重；三是应该重视、研究、改革语文教学。

吕先生的文章给我的震撼很大。为什么语文教学存在效果差和效率低这两个严重问题呢？我想，除“文革”的不良影响外，传统教学中的重知识传授、轻能力培养，重课内讲解、轻课外训练，重教师灌输、轻学生自学等弊端也不利于学生主动地学习、生动活泼地学习，影响了语文教学质量的提高。这次大讨论后，我清醒地认识到：传统教学中“注入式”和“满堂灌”的弊病必须改革，才能适应新形势的要求。

因此，这次大讨论是我创建点拨法的起因，也是我大力开展教改实验和探索改革语文教学弊端的开端。可以说，点拨法在一定意义上为改变“少、慢、差、费”的局面开辟了一条新的道路，值得继续深入探索和研究。

“少、慢、差、费”大讨论后，引发了全国中学语文教学改革的热潮，各地教改实验不断兴起，方兴未艾，形成百花齐放的新局面。

徐：改革开放之后，您设计并组织了全校语数外三科教改实验，为什么由语文扩展到数学、英语呢？

蔡：时代的车轮驶入20世纪80年代，改革开放的春风吹遍了祖国大地，校园呈现出一派生机勃勃的景象。改革开放以后，我又进行过多次教改实验，其中最重要的是1980年至1983年，这是一个合作实验阶段，也正是点拨法创建期间。

开展这一轮教改实验的背景：第一，这时候我除了教一个班高中语文，还在学校分管文科教学管理工作，且刚被评为特级教师和省劳模，理应带头推进教学改革，亲自参加教改；第二，我作为全国中语会理事和安徽省中语会副理事长，在上海聆听了叶圣陶、吕叔湘等老一辈教育家关于语文教学改革、改变语文教学“少、慢、差、费”现状的号召后，自觉责无旁贷，理应在安徽中学语文教学战线上起示范和推动作用；第三，我有前几次语文教学改革实验的经验，已经夯实良好的探索基础，有条件进一步改革创新。根据深化教改的时代要求，我在原有基础上进一步发展、提高，将实践经验上升为理论，建立有中国特色的中学语文教学理论体系，为深化教育改革、推进素质教育做出自己应有的贡献。于是，我想让中学的主要学科都进行教学改革，以提高教学质量。

1979年至1985年，我先后设计并组织了芜湖一中三轮语文、两轮数学、一轮英语的教学改革实验。语文科进行点拨法实验，数学科进行发现法实验，英语科进行简笔画教学实验等，均取得了成效。语文科坚持了六年，数学科坚持了四年，英语科坚持了一年（因为教材变动停止，后又接着进行第二轮实验）。

我设计制订“初中语文年段分科教改实验”方案，并与周凤生老师合作执教实验课程，她担任班主任兼教阅读课，我在教高中语文课的同时，兼教初中分科的写作、现代汉语、文言文课程。

这次初中分科实验为期三年，每一年段实行不同的分科教学，除常规的阅读与作文外，初一单设了现代汉语，初二单设了写作，初三单设了古诗文。阅读课综合选用了两套语文教材，一是人民教育出版社的初中语文统编课本，二是北京师范大学实验中学自编的初中语文实验课本。分科教材，是教师自行借用和改编的；阅读教材，教师在调整改编后试行单元教学。

通过这次分科实验，实验班的学生分别参加了普通班的中考以及高考，都取得了优异成绩。初中年段分科教改实验，在初中 6 个班级中有 3 个班进行实验，初中三年实验班有 10 名学生在市级以上语文竞赛中获奖，14 名学生在报刊发表作文 18 篇；教师编印了《优秀作文选》，共收录学生作文 226 篇。

分科实验班与普通班对比，教学任务重，教学进度快，只能实行单元教学，突出重点，兼顾一般；在教法上着重点拨和引导学生自学，尽量强化学生听、说、读、写、思的实践训练，以提高教学的效率。仅以语文学科来说，有 4 篇教改实验总结报告参加了全国教育学会和全国语文教研会议的年会交流。其中，《芜湖一中教改实验简表与上海 1983 年 7 月高考试卷抽样成绩统计表》发表于《语文学习》1983 年第 9 期。1985 年，分科实验班在芜湖市毕业会考中考试成绩明显高于普通班，学生在全国报刊发表作品 58 篇，40 多人在市级以上各类语文竞赛中获奖，其中有全国一等奖多名。三位实验老师在全国语文教学刊物发表研究论文共12篇，其中许家澍老师《勇于质疑，善于辩证——培养学生创造性思维能力小札》一文在《语文学习》1985年第3期发表，并获芜湖市教育学会1985年度一等奖。

这些教改经验和做法主要是几个“正确处理”：扩大知识面，提高学习难度——正确处理需要与可能的关系；注重打好基础，发展能力，培养创新精神——正确处理知识与能力的关系；激发学习兴趣，引导学生主动地学习——正确处理内因与外因的关系；改变“灌输式”教法，着重指导学生自学——正确处理主体与主导的关系；改变“封闭式”学法，积极开辟第二课堂——正确处理课内与课外的关系。

这六年来的三科教改实验虽然主要在语文、数学两个学科中进行，但推动了其他学科教学方法的改革，促进了学校教育教学质量的提高，使我们提高了认识，解放了思想，进一步认清了教育教学改革的必要性，认识到摆脱陈腐的教育思想与教学方法的紧迫性。

鲁迅作品教学专题

徐：蔡老师，您是在什么情况下开始研究鲁迅作品教学的？

蔡：当时流传着一句话“一怕周树人，二怕文言文，三怕写作文”，尤其是20世纪70年代以后，中学语文课本中鲁迅作品增多，有不少老师认为这类作品难教，学生感觉难学，我就把业余时间转移到鲁迅作品教学这一块。

为了掌握鲁迅作品教学特点，我对课本里鲁迅的散文、杂文、小说、诗歌等作品逐篇进行学习、分析，一方面广泛搜集相关资料，另一方面有意识地做一些教学实验和探索。我结合教学实践，一边教学一边研究，整理和编写了一些专题资料，写了几十篇教学札记和一些教学研究文章，共有几十万字。

1979 年，我一边教语文，一边担任分管文科教学的教导处副主任。我有意将前几年专门研究鲁迅作品教学的资料，与已经发表的几篇有关论文放在一起，成书取名为《鲁迅作品教学浅谈》，1979 年 5 月由安徽人民出版社正式出版，印数达 5 万册。这是我的第一部语文教学专著，产生了较大影响。

这本书写作于 1978 年 10 月，写作角度涉及多方面，有主题思想、中心论点、结构特点、语言艺术、人物形象分析、教学方法等，目的是给青年教师提供一些教学资料。此书大都是针对某一篇课文，选取某一角度来写作，仅涉及中学语文课本的作品，没有全面系统地展开大篇幅的论述，相对于大部头学术研究著作来说，充其量只是一本单薄的小册子。但这本小册子出版后，时任安徽省副省长的杨纪珂写信给我，表示祝贺与鼓励。同年，该书在我评选特级教师的过程中也起到了一定的作用。

可以说，在“文革”那个特殊的历史期间，知识分子无法正常工作，更难以静下心来学习。我想到“闭门即是深山，读书随处净土”（引自明代文学家、书画家陈继儒《小窗幽记》）的处世哲学，我喜欢这种淡泊而睿智的生活方式。坚持了多年鲁迅作品专题研究，我还是颇有收获的。如果没有坚持自学、没有钻研鲁迅作品教学专题，就没有《鲁迅作品教学浅谈》的出版。正是这种重点自学、深入钻研，使我在进修的广度和深度上又前进了一步，我的教学质量有了提高，在著述上也实现了一个突破。

《鲁迅作品教学浅谈》（蔡澄清著）

谈谈鲁迅作品教学的几个問題（一）

芜湖一中　蔡澄清

伟大领袖毛主席指出：“鲁迅是中国文化革命的主将，他不但是伟大的文学家，而且是伟大的思想家和伟大的革命家。”毛主席还多次教导我们，要认真学习鲁迅，并多次提倡读鲁迅的杂文。为了引导学生更好地学习鲁迅，我省中学语文课本，选编了部分鲁迅散文、小说和杂文。这里，就怎样教学鲁迅作品，谈几点体会。

（一）用马列主义、毛泽东思想来统帅鲁迅作品的教学，用阶级斗争的观点和阶级分析的方法来分析课文。

毛主席对鲁迅科学的、崇高的评价，对鲁迅作品马克思主义的分析，是我们教学鲁迅作品的指导思想。教学每一篇作品时，除了要从总的方面体现毛主席对鲁迅及其作品的评价外，还应当针对每一篇课文的具体内容，结合学习有关马列和毛主席著作，用马列主义、毛泽东思想来统帅作品的分析。例如教《文学和出汗》时，就必须组织学生学习毛主席《在延安文艺座谈会上的讲话》中有关批判地主资产阶级人性论的论述，帮助学生理解文学的阶级性。教《论“费厄泼赖”应该缓行》时，必须用毛主席在《将革命进行到底》一文中提出的“决不怜惜蛇一样的恶人”的光辉思想，来引导学生理解、学习鲁迅的“打落水狗”的彻底革命精神。

鲁迅作品，特别是杂文，有着极其深刻的阶级内容，作品中所写的人和事，都是“类型”和“一群”的代表，是一定阶级、一定政治集团和一定思想的代表。《祝福》里的鲁四老爷代表了封建地主阶级，祥林嫂是贫苦农民劳动妇女的典型，他（她）们之间的关系是剥削压迫者和被剥削被压迫者之间的阶级对抗和生死斗争；《一件小事》里的车夫的行动是工人阶级的崇高品质的表现，“我”的思想则揭示了资产阶级知识分子卑劣灵魂。这些人物和事件，都是一定阶级的人物和思想的代表，是在现实生活基础上概括出来的典

然而它所反映的也不只是现实生活中的这一孤立的人或偶然的事，而是代表着某一“类型”或某“一群”的，是有其阶级的代表性或思想的典型性的。如《文学和出汗》和《“丧家的”“资本家的乏走狗”》里的那个“上海有智识的教授”梁实秋，很明显地代表了资产阶级的走狗——反动御用文人的这“一群”，《答托洛茨基派的信》中的化名分子陈仲山自然是托匪这一“类型”的代表，而所谓“某几个‘战友’”则是指周扬之流，他们是内奸、叛徒、特务和机会主义分子的典型。鲁迅同这些反动阶级的代表人物之间的斗争，也决不是“个人间事，无关大局”，而是阶级对阶级的生死搏斗。我们教学鲁迅作品时，坚持用马列主义的阶级观点和阶级分析的方法，来对课文进行具体分析，把作品中所写的具体的人看作阶级的代表，通过这些人物活动的分析，引导学生从阶级斗争的总情势中去认识阶级斗争的动向，从而加深对阶级斗争的认识，提高阶级和阶级斗争的觉悟。

（二）联系作品的时代背景和作者的战斗经历，帮助学生深入理解课文，领会鲁迅作品的战斗精神。

鲁迅的一生，是革命的一生，是战斗的一生。他经历了由旧民主主义革命到新民主主义革命的近三十年的战斗。他从曾经“只信进化论的偏颇”到坚信“惟新兴的无产者才有将来”，完成了由一个民主主义革命者到伟大共产主义战士的转变。他的作品，就是他亲自投身于当时中国人民的战斗行列，同国内外阶级敌人进行英勇斗争的产物，是刺向国内外阶级敌人的锋利的匕首和投枪。他的每一篇作品，一方面和当时的特定的历史条件和时代环境有着紧密的联系，是当时历史发展和阶级

生的战斗经历与生活体验相联系，是他的思想发展与战斗的革命精神的具体表现。因此，我们在教学鲁迅作品时，就必须同时注意这两方面的特点，引导学生了解写作的历史环境和时代背景，熟悉鲁迅的生活经历与战斗特点，从而帮助他们更好地理解课文。如教学鲁迅的后期杂文《“丧家的”“资本家的乏走狗”》，必须使学生了解当时国民党反动派进行反革命文化围剿的历史背景，以及鲁迅同反动御用文人梁实秋之间的斗争情况。鲁迅的这篇作品，既是当时阶级斗争历史的产物，也是他本人同敌人英勇战斗的实绩。我们必须把这两方面的情况给学生作必要的介绍和说明，这样才能使学生更清晰地理解课文的思想政治内容和它所运用的冷嘲热讽的艺术手法，从而更深刻地理解鲁迅“向着敌人冲锋陷阵”的革命战斗精神，更好地向鲁迅学习。

（三）结合两条路线斗争的历史和当前斗争实际，来分析课文，对学生进行思想和政治路线方面的教育。

鲁迅为了中国人民的革命事业，为了坚持毛主席的革命路线，批判机会主义路线，进行了艰苦的战斗。鲁迅的后期杂文，就是他的这种战斗精神的结晶。我们教学这些作品时，就要突出当时两条路线斗争的历史，站在路线斗争的高度上来帮助学生深入考察和理解课文的思想政治内容和伟大意义。例如，三十年代初期，周扬一伙骗子，紧紧追随瞿秋白、李立三、王明之流的“左”倾机会主义路线，对抗毛主席的无产阶级革命路线，在文化战线上，以极“左”的面貌出现，结党营私，组成了以“四条汉子”为核心的宗派小集团，以革命的词句粉饰自己的反革命行径，用革命的标签推销机会主义的货色，

就看出了他们包裹在“急进革命”外衣下的“非革命”实质，指出他们是“拉大旗作为虎皮，包着自己，去吓呼别人”，对他们的宗派主义、分裂主义的卑劣行径作了针锋相对的原则性的斗争，坚决捍卫了毛主席的革命路线。我们在教学《对左翼作家联盟的意见》时，就必须联系这一路线斗争的历史去分析课文，使学生深刻理解课文不仅是宣传唯物论，批判唯心论的杰出文献，也是当时左翼文艺工作者的战斗纲领，是反对机会主义路线的战斗檄文，是三十年代文化战线上两条路线斗争的重要文献。抓住了路线这个纲，也就抓住了文章的精神实质。

到了三十年代中期，周扬这伙原来“左”的出奇的人物一下子又滑到了极右。他们面对着日本帝国主义的侵略，积极追随王明的右倾投降主义路线，提出了“国防文学”这一右倾投降主义的口号，同毛主席的无产阶级革命路线相对抗。正是在这两个阶级、两条路线激烈搏斗的时刻，鲁迅却以反潮流的大无畏英雄气概，根据毛主席提出的抗日民族统一战线的政策，明确地提出了“民族革命战争的大众文学”这个无产阶级口号，同周扬一伙进行针锋相对的斗争，深刻地揭露和批判了他们投降国民党反动派、为蒋介石效劳的罪行，有力地捍卫了毛主席的无产阶级革命路线。我们在教《答托洛茨基派的信》时，就必须从上述两条路线斗争的历史背景中去引导学生深入理解课文，使学生更深刻地理解鲁迅的光辉思想，从中受到深刻的路线教育。

正是由于鲁迅作品在阶级斗争和路线斗争方面给我们提供了丰富的教益，因此教学时就必须紧密联系当前的斗争形势和学生的思想实际，对学生进行思想和政治路线方面的教育。在当前，特别要结合深入开展的批修整风运动，引导学生从鲁迅作品中学习同反革命两面派作斗争的经验，增强识别真假马克思主义的能力，提

（待续）

蔡澄清的鲁迅作品专题研究文章在安徽《教革简报》1973 年 3 月 25 日第 272 期开始连载发表

徐：《鲁迅作品教学浅谈》这本书里有一篇文章《就〈从百草园到三味书屋〉的教学谈“启发式”的运用》，请据此谈谈您是如何运用点拨法的。

蔡： 这是在点拨法创建之前，我专门以一篇课文的课堂教学为案例，论述“启发式”教学的文章。我一直认为，启发式教学是很好的教学方法。在学习这篇课文的过程中，中学生对私塾教育并不了解，我便从这里入手，运用“启发式”提出问题，让学生开始学习这一课。文章把“百草园”和“三味书屋”进行对比，这是全文一个很鲜明的写作特色。针对全文细致的描写和准确、鲜明、生动的语言，我们要启发学生认真体会，引导学生学习鲁迅作品的语言表达特点。

我对各类课文进行“启发式”教学有过很长时间的思索和实践。在该文中，我还特地指出，我们不能把“启发式”单纯地理解为“问答式”或“谈话法”，我们应当采取多种方法，从多方面进行启发，引导学生积极参加读、讲、练等各种实践活动，加强读写训练，以迅速提高学生的阅读能力和写作水平。这也是实行“启发式”教学的重要目的。

这时候，我还没有提出点拨教学法，但“启发式”课堂教学的运用，已初具点拨教学的雏形。

第三章　点拨教育结奇葩

“点拨”之说源远流长

徐：蔡老师，有哪些教育教学原理对您的点拨教学思想产生了深刻影响？

蔡：我国古代教育名家的论述是传统教育思想的精华，也是当代语文教学中点拨思想的源流所系。

春秋时代，孔子提出“不愤不启，不悱不发，举一隅不以三隅反，则不复也”，并在自己的教育教学实践中身体力行，因材施教，诲人不倦。这是古老的启发与点拨学说。朱熹解释说：“愤者，心求通而未得之意；悱者，口欲言而未能之貌。启，谓开其意；发，谓达其辞。物之有四隅者，举一可知其三。反者，还以相证之义。复，再告也。”（《四书章句集注》）孔子的得意门生颜渊说：“夫子循循然善诱人，博我以文，约我以礼，欲罢不能。”（《论语・子罕》）这都说明孔子是积极主张并善于启发诱导的。

孔子的教学思想与他的教育内容紧密相连。孔子教育的内容主要是道德教育与知识教育，前者为重点。他主张“文、行、忠、信”四教，后三者都属于道德教育范畴。他用的教材是经他整理的《诗》《书》《礼》《乐》《易》《春秋》，即后世所说的“六经”。孔子提倡“生知”，主张“多闻”“多见”，具体有学与思的结合，虚心、笃实与好学的态度，启发思维，因材施教等几个重要方面。

孔子注重因材施教，重视了解学生的个性和优缺点。他指出，子路有治兵之才，冉求有做邑宰之才，公西华有外交之才。他概括学生个性时说:“柴也愚，参也鲁，师也辟，由也喭。”他考察学生个性的方法是“听其言而观其行”，采用与学生谈话的方法来试探学生的志向。

了解学生是教育学生的前提，同样是问仁、问学和问孝，孔子对每个学生的答复都不一样。他重视学生个性差异，发展各人长处，因此每个学生取得的成就各不相同，有的长于“德行”，有的长于“言语”，有的长于“政事”，有的长于“文学”。

因材施教的原则近代以来越来越受到重视。为了培养创新型人才，我们必须重视个性差异，务必使学生的特长得到更好发展，学生才能适应现代社会创新发展的需要。

孔子的教育教学思想和原则方法都记录在《论语》中，这是我国古代早期的教育学财富。

孟子和荀子继承并发展了孔子的教育教学思想。孟子主张教学者“言近而指远者，善言也……君子之言也，不下带而道存焉”(《孟子·尽心下》)，用近在眼前的平常事来点拨学生，使其明白意义深远的大道理。孟子还注重发挥学生的主动性和积极性，特别重视怀疑精神。他说:“尽信《书》，则不如无《书》。”又说:“故说诗者，不以文害辞，不以辞害志。以意逆志，是为得之。”孟子把孔子所重视的“阙疑”精神向前推进了一步。“疑”和“思”有一定的联系。教学中多问几个为什么就是“思”，提倡“怀疑”是启发思维的起点、思辨的开端。孟子所说的“时雨之化”的“时”，强调了及时施教，及时思辨。

荀子对学、行、思三者都很重视，在《劝学》中主张教师“不傲、不隐、不瞽，谨顺其身”，并解释说:“故未可与言而言谓之傲，可与言而不言谓之隐，不观气色而言谓之瞽。”他主张相机诱导，适时点拨。

唐代的韩愈、宋代的朱熹、明清之际的王夫之等大儒，对启发与点拨艺术也有过不少论述。《师说》中关于“传道授业解惑”的论述，无不充满启发、点拨的思想。

近现代许多著名教育家的教育教学思想无不闪烁着点拨思想与点拨艺术的光辉。

教育家蔡元培主张：“……并不是像注水入瓶一样，注满了就算完事。最重要的是引起学生读书的兴味。做教员的，不可一句一句，或一字一字的，都讲给学生听。最好使学生自己去研究，教员竟不讲也可以，等到学生实在不能用自己的力量了解功课时，才去帮助他。”这和孔子的“愤悱”思想一脉相承，主张点拨启发，反对“注入式”教学。

语文教育家叶圣陶对语文点拨教学的具体分析更是精辟、深刻。他说：“教师之为教，不在全盘授与，而在相机诱导。必令学生运其才智，勤其练习，领悟之源广开，纯熟之功弥深，乃为善教者也。”又说：“教师当然须教，而尤宜致力于‘导’。导者，多方设法，使学生能逐渐自求得之，卒底于不待教师教授之谓也。”概括成一句话，即“凡为教，目的在达到不需要教”。

这些论述最集中而突出的一点，就是语文教师要坚持因材施教，相机诱导，适时点拨，帮助学生排除困难，引导学生自读、自研、自悟，而不能由教师越俎代庖，一味灌输，搞“注入式”教学。我所提倡的语文点拨教学法，就是在这个基础上构建和发展起来的。

徐：除《论语》外，《学记》中也有不少专门的论述，您怎样评价？

蔡：《学记》是先秦儒家教育思想的总结，是中国也是世界教育史上最早系统地论述教育问题和教学理论的著作。

《学记》里说：“故君子之教，喻也。道而弗牵，强而弗抑，开而弗达。道而弗牵则和，强而弗抑则易，开而弗达则思。和易以思，可谓善喻矣。”“喻”即启发、诱导。这段话的意思是：君子教育和诱导学生，靠的是引导而不是强迫服从，是勉励而不是压制，是启发而不是全部讲解。引导而不是强迫，就会使师生关系和谐；勉励而不是压制，学习就容易成功；启发而不是全部讲解，学生就会善于思考。能使师生关系和谐，使学习容易成功，使学生善于思考，就可以说是善于诱导了。也就是说，好的教师的教学方法是启发和诱导。引导学生而不能牵着学生走，鼓励学生而不能压制学生，启发学生而不能代替学生。这显然是一种很具体的点拨启发方法。

《学记》堪称我国古代的教育学经典，其中关于协同和启发诱导的原则，对我思考、探究点拨教学艺术有一定的帮助。

徐：除我国传统教育教学思想外，国外有哪些教育思想对您影响较大？

蔡：20 世纪 50 年代，我刚参加工作的时候，苏联著名教育家凯洛夫“五步教学法”正风行我国。凯洛夫在《教育学》中提出“上课是教学工作的基本组织形式”的主张。他在总结别人成果的基础上，明确了六条教学原则：直观性原则，理论与实际相结合原则，系统性和连贯性原则，可接受性原则，学生掌握知识的自觉性和积极性原则，巩固性原则。当时，我们都认真学习凯洛夫的《教育学》与“五步教学法”。后来，我逐渐认识到，要因材施教、因人而教、相机诱导，不可机械照搬某一种模式。

美国心理学家亚伯拉罕·马斯洛 1943 年在论文《人类激励理论》中提出的需求层次理论，是人本主义科学理论之一。他将人类需求从低到高分为五个层次：生理需求、安全需求、社交需求、尊重需求和自我实现需求。在国外教育教学理论中，马斯洛的需求五层次理论对我的点拨语文教学思想影响很大。

发轫之作《重在点拨》

徐：蔡老师，您关于点拨法的想法是什么时候萌生的呢？

蔡：我在《语文教学通讯》1982年第2期《封面人物》栏目发表过《重在点拨》一文。这是我首次专门论述“点拨”的问题，尽管文中没有明确提出“点拨教学法”这个术语，但基本观念已初现端倪。

我在文中提出：“点者，就是点要害，抓重点；拨者，就是拨疑难，排障碍。也就是在教师的指导下，主要组织学生自学。”虽然十分简略，也欠深刻，但后来我就这个想法进行了一系列的教改实验，予以深入科学的研究，进一步完善、延伸与深化，因此有学者认为该文是点拨法发轫之作。

在这之前，我有过注重“启发式教学”的实践，也有过“重在点拨”的思考。《重在点拨》这篇文章的发表，标志着点拨教学思想的初步形成。

徐：“启发”与“点拨”大同小异，您为什么对“点拨”这个词情有独钟呢？

蔡：点拨教学观，是传统教育思想理论中极其宝贵的精华，它的确是与启发紧密联系在一起的。点拨本身就是一种启发，作为一种教学方法，点拨法就是实施启发式教学的教学艺术。

我在《重在点拨》中提出“重在点拨”“点拨教学”等，但并未明确提出“点拨教学法”这个术语。原因是“点拨”一词古已有之，并非我的独创，而且各种教学法已经很多，更主要的是，作为一种教学法，它应当建立在科学研究的基础上，应该比较成熟，而我对它的教改实践和理论研究还不够，不敢妄自称“法”。我只是作为一家之言提出来请大家研究，以示倡导之意。但有不少研究者的文章，将“点拨教学”直接称为“点拨教学法”来进行讨论和研究，我就随俗从流，后来也就这么说了。

徐：《重在点拨》发表后，在全国反响如何？

蔡：《重在点拨》发表后，《光明日报》1982 年 4 月 9 日《教育文萃提要》栏目予以摘要发表，后来《光明日报》在《名师剪影》栏目中，发表了我的剪影照片并对点拨法予以介绍。《重在点拨》全文后来收入《红烛集》（希望出版社 1986 年版），后经修改又收入《语文教学改革新成果选粹——全国中学语文教学研究会第四次年会论文集》（广东教育出版社 1990 年版）一书，在全国中语界引起了一定的反响。

从那时开始，有不少教师加入到点拨法教学团队里来，我不断收到各地老师们交流与探讨的信件，四季飞鸿不断，这是当初没有预料到的。

徐：能否认为这篇论文发表之前，是您探索点拨法的“前世”阶段，之后则属于“今生”阶段？

蔡：以《重在点拨》的发表为节点，可以这么认为。

点拨法的创立与完善

徐：蔡老师，点拨法的创立意义深远，该如何解读其继承性和原创性？

蔡：点拨教学法是对我国传统教育教学理念的继承，也具有一定的原创性，它源于我长期的教学实践、教改实验以及对科学理论的大力探索。

从传统教育的启发思想，特别是孔子的“愤悱”教学思想，到我读书期间受到的一些名师的启发式教育，再到吕叔湘关于“少、慢、差、费”的大讨论，我在多轮教改实验中不断总结、反思、梳理和提炼，根据现代教育理论与实践经验，进一步做出证明并予以发展和补充，逐渐形成了点拨教学思想。点拨教学法具有一定的原创性，但这不是我的什么发明与创造，我只是它的实验探索者、躬行践履者和积极倡导者。

一种科学教学方法的产生和运用，必须把教育理论同教学实践相结合。我们研究它，不仅要做历史的纵向考察，而且要做现实的横向思考；不仅要从教育的宏观角度来领悟，也要从教学的微观角度来把握；不仅要从教育学、心理学的角度来阐释，而且要结合语言学、文艺学来探讨。语文点拨教学法，正是历史的语文教育传统经验和现实的语文教改实践经验相结合，在现代科学理论的指导下，去粗取精，由表及里，经过改造、发展、升华而形成。

改革开放以后，中国社会的巨大变革深刻地影响了人们生活的各方面。作为与社会生活关系最为密切的语文学科，显然不能再沿用传统的方法教学。全国各地的教师积极尝试新的教学方法，不同风格的教师结合不同的教学实践进行探索，不同的语文教学流派由此产生与形成。

我逐步认识到，只有摆脱传统的“注入式”和“填鸭式”的满堂灌的教法，采取组织学生快速自学的办法，才能加快进度，提高效率，发展学生的学习能力。教师主要起组织、引导、启发、点拨作用，帮助学生突破难点，掌握重点，消化知识，学以致用。点拨法就是针对传统教学中“注入式”和“满堂灌”的弊病提出来的。

徐：点拨法提出后，是如何逐渐完善的？

蔡：点拨法提出后，我一直进行点拨教学实验与探索。它的完善，经过了长时间的实践与探究，甚至可以说，我后半生的心血都倾注在这上面，而且我乐此不疲。

我在《点燃主动探求知识与发展能力的引爆剂——语文教学“点拨法”新探》[①] 一文中，做过较详尽的诠释：

所谓点拨，就是教师针对学生学习过程中存在的知识障碍与心理障碍，用画龙点睛和排除故障的方法，启发学生开动脑筋，进行思考与研究，寻找解决问题的途径与方法，以达到掌握知识并发展能力的目的。

这种点拨，可以是教师点拨学生，也可以是学生之间相互点拨。所谓“点”，就是画龙点睛或点石成金，它可以是点课文的精彩处，点知识的重点与难点，点学习中的疑点，点学法上的妙处，点学生容易忽视或出错的地方。所谓“拨”，就是拨去障碍，使学生开窍。这种拨，可以是拨乱为正，拨疑为悟，拨难为易，拨暗为明，拨死为活。“点”与“拨”有时是紧密相连、结为一体的，总的目的就是抓住要害，排除学生学习中的心理障碍与知识障碍，引导他们积极主动地学习。当学生在学习上处于“山重水复疑无路”的时候，一经点拨，他们就会感到“柳暗花明又一村”，因而情绪高涨，兴趣倍增，充分调动了学生学习的积极性，学生学习也会收到事半功倍之效。

运用点拨法，在战略上十分注重让学生了解自己、把握自己，做到知己知彼，同时学生也要了解教师的要求与学习的内容。在战术上注重由“点”突破，延伸为两条线——集中式思维线和辐射式思维线。教师注重启发学生思维的相互交流，追求教学上画龙点睛的艺术境界。这就是点拨法的特点与要求。

---

① 吕桂申、林从龙、牛黄：《语文教学方法论》，北京出版社，1991。

点拨既是教师启发和诱导学生主动学习的艺术魔棒，又是学生主动探求知识与发展能力的进军号角，它既能让学生为教师提供反馈信息，又能使教师不断开拓自己教与学的思维空间。这是每一个语文教师进行启发式教学必须掌握的一种教学方法。

随着研究的深入，我后来做了适当补充，做了如下界定：

所谓点拨，就是教师针对学生学习过程中存在的知识障碍、思维障碍与心理障碍，运用画龙点睛和排除障碍的方法，启发学生开动脑筋，进行思考与研究，寻找解决问题的途径与方法，以达到掌握知识并发展能力的目的。所谓“点”，就是点要害，抓重点；所谓“拨”，就是拨疑难，排障碍。这种点拨，是教师根据学生在学习过程中的心理特点及其活动规律，根据培养能力、发展智力的实际需要和教材特点，因势利导，启发思维，排除疑难，教给方法，发展能力。它是运用启发式教学引导学生自学的一种方法。

我之所以不厌其烦地介绍这个概念，就是为了表明它从创建到发展、完善有一个探索过程。

徐：点拨法提出后，语文界反响如何？请您回顾一下。

蔡：由于一些语文报刊将我的教改实验称为“语文点拨教学法”实验，吸引了全国各地不少青年语文教师，他们主动加入实验行列中来。最早参加的是陈军、孔立新，接着是芜湖市、宣城市一带的胡寅初、汤国来、罗光奖、肖家芸、唐俊、邓彤、辛卫华、曾鸣、许家澍、许纪友等，以及六安市霍邱县中学赵克明、巢湖市胡家曙、马鞍山二中郭惠宇、宿松沈小媛（后调到上海）、宿松黎在珣、潜山市二中汪启明等；外省市的有湖南邵东市三中的曾桂荣、新疆石河子一三三团的沙得源、内蒙古赤峰市宁城一中的赵春林等。大家很快形成了一个点拨教学的研究群体，教师们纷纷实验，努力实践，不断探索，出现了可喜的局面，教师研究群

体为点拨教学发展与创新做出了很多贡献。点拨教学逐步积累了较丰富的经验，逐渐完善起来，在科学理论上也有了发展和提高。

湖南邵东市三中曾桂荣老师（左）赴芜湖向蔡澄清老师请教

与此同时，一些语文教育名家、专职教研员、报刊编辑与高校教授等也在研究点拨法。

1996—1997 年，我在《课程·教材·教法》上发表了两篇有关语文点拨教学法的纲领性文章，分别是《谈语文点拨教学法的理论基础和实际运用》《简论语文点拨教学法的要义和操作》，是点拨教学思想趋于成熟的系统反映。

许多一线青年老师十分关注如何实施的问题，1990 年，我总结提出了实施点拨教学的七条途径和十种方法。

七条点拨途径分别是：（1）点拨学习目的，引发求知动机；（2）点拨学习心理，让学生把握自己；（3）点拨学习兴趣，激起探索欲望；（4）点拨学习重点，引导学生攻关；（5）点拨学习疑难，帮助逾越障碍；（6）点拨学习方法，交给学习钥匙；（7）点拨知识运用，体会丰收乐趣。

十种点拨方法分别是：（1）暗示引发；（2）引路入境；（3）辐射延展；（4）逆转爆破；（5）抽换比较；（6）纲要信号；（7）激疑促思；（8）再造想象；（9）挑拨争鸣；（10）举隅推导。

尤其是 1996 年至 1999 年，芜湖市教科所申报立项的"九五"安徽省重点课题将个体实验与群体研究紧密结合，得到全国著名专家和有关部门的高度评价，取得了很大成绩。

同时，我提出"积累—思考—表达"的"语文能力训练发展三部曲"理论逐步发展演变，构建了"点拨—训练—创新"的教学过程。进入 21 世纪，我提出"点拨—创新"理论，使点拨法的研究向纵深发展，得以逐渐完善。

徐：点拨法创建后，大体经过了方法论、思想论、价值论、课程论这几个阶段，请您解说一下。

蔡：任何一种理论的构建与发展，都需要经历感性认知到理论提升，最终又由科学理论来指导实践的螺旋式提升的过程。点拨法从创建到完善也是如此，大致经过了方法论、思想论、价值论、课程论等几个阶段。

方法论，以《语文教学点拨艺术丛谈》（天津人民出版社 1996 年版）和《我的语文教学观与方法论》（安徽师范大学出版社 2010 年版）这两本专著为主。前一本书中，我对点拨教学的要义予以了明确，对点拨教学艺术予以了展示，初步搭建了点拨教学法的完整体系，涉及面上拓展，考虑点拨法实施的多层次、多角度、多方面。后一本书中，我进一步系统地阐述了这个问题。

思想论，主要体现在两本专著中。第一本是《蔡澄清中学语文点拨教学法》（山东教育出版社 1997 年版），第二本是《蔡澄清：点拨教学法》（湖北教育出版社 2001 年版）。这两本书所论，由“面上拓展”变为“点上聚焦”，形成提纲挈领、纲举目张之势。这时候提出的“点”，已不是之前讲到的方法突破点、学习引爆点等具体教学的“点”，而是点拨法的价值核心点、思想凝聚点，是由具体方法推向方法论，又由方法论走向教育价值观与教育思想论的推进与跨越过程。

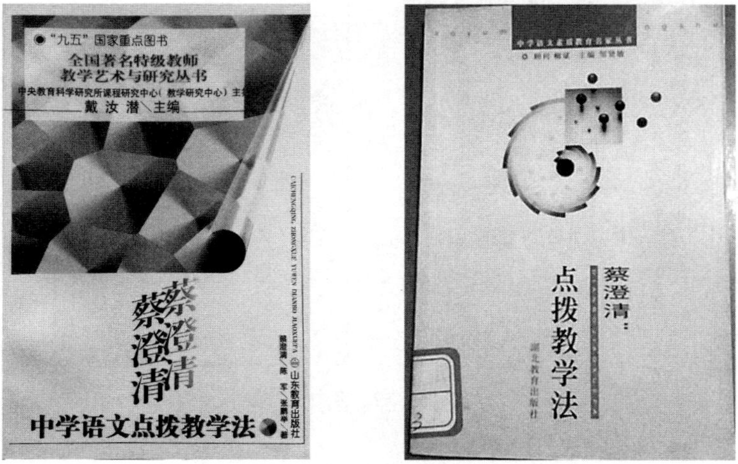

蔡澄清著作

价值论，以《中学语文点拨教学法》（人民教育出版社 2004 年版）这本专著的论述为主。该书是“十五”国家重点图书出版规划项目，是“教育部特级教师计划 · 中国特级教师文库”丛书之一，要求严、规格高，已加印了3次，发行量较大，影响较为深远，有学者评价该书为我集点拨教学法研究之大成的扛鼎之作。这本书中，我将点拨教学的实践经验上升到教育科学理论的高度来进行论述，论述了“积累—思考—表达”的语文能力训练发展三部曲理论，构建了“点拨—训练—创新”的教学过程，探讨了实施点拨教学和培养创新型人才的关系，阐述了点拨教学的中国特色及其运用和发展的前景，融入了一些教学新理念，在批判地继承我国传统语文教学理论与经验的基础上又有所发展和创新。书中全面梳理了点拨教学法的方法论、思想论，也阐述了价值论。当然，这都有待于继续探讨与深入研究。

蔡澄清著作

课程论，从20世纪50年代汉语、文学分科教学实验，到“五年一贯制教改实验”，再到世纪之交新课程改革的选修课设置与教学。我为芜湖一中设置了近20门选修课，每学年编印《优秀作文选》，主持参编芜湖市乡土教材《师德修养讲话》和芜湖一中校本教材《“一史三风”教育读本》，以及设置学生素质教育成长记录册等，都涉及课程论。这些实践探索，尚需理论的总结与提升。

以上方法论、思想论、价值论、课程论等并不是孤立的，而是相互交融、有机结合、不断深化的，只是为体现探索与研究过程方便起见，提法有所侧重而已。

我深深地体会到，点拨法不是轻而易举建立的，更不是一朝一夕完善的。

点拨法的要义与特点

徐：请您谈谈点拨法的要义。

蔡：点拨教学法具有较宽泛的含义，它既是一种教学方法，一个教学过程，又是一种教学方法论，更是一种教育教学思想。针对点拨教学法的要义，我提出五个方面的内容：1. 依纲据本，因材施教。这是实施点拨教学的基本依据。教师要依照教学大纲（现称为“课程标准”）的要求，根据课本的教学内容，针对教材特点和学生的实际需要，灵活运用不同的教学方法和方式，点拨和引导学生主动学习。2. 相机诱导，适时点拨。这是实施点拨教学的最重要要求，也是点拨教学的精髓。要求教师以学生为主体，充分发挥教师的主导作用，从教材的特点和学生的实际出发，抓住机遇，给予引导，针对需要，及时点拨。3. 点其要害，拨其迷障。这是实施点拨教学的主要内容。要求教师在教学中抓住重点，突出难点，通过点拨，拨开迷雾，排除障碍，化难为易，拨疑为悟，使学生豁然开朗。4. 画龙点睛，举一反三。这是实施点拨教学的主要方法。教师在教学中要针对疑难，有的放矢，巧施点拨，片言居要，点石成金，举隅推导，闻一知十。5. 提高效率，发展能力。这是实施点拨教学的主要宗旨，也是点拨教学的根本目的和必然结果。教师一定要着眼全局，高屋建瓴，精心组织和驾驭教材，改革传统教法，突破难关，主攻要塞，力忌全面讲授，全盘灌输；学生要成为活动主体，积极思维，主动学习，强化训练，发展智力，学以致用。这样，才能达到提高教学效率、发展学生能力的目的。这是实施点拨教学的必然归宿。

徐：这五个方面十句话，简明扼要，通俗易懂。点拨法教学与常规教学有哪些不同呢？

蔡：点拨教学较之常规教学，必须努力实现三个转变：一是从教师讲堂到学生学堂的转变。由教师满堂灌转变为学生主动学，陈旧的填鸭式转变为现代的启发式，以教师为中心转变为以学生为主体。点拨教学主张教学活动中充分发挥双主体的作用，即从“教”来说，教师是主体，学生是客体，教材是媒体；从“学”来说，学生是主体，教材是客体，教师是媒体。教的主体是教师，要求充分发挥主导作用；学的主体是学生，要求充分发挥主动性。点拨教学就是师与生、教与学积极性和双边活动的有机统一。二是从僵化程式到灵活点拨的转变。由教学八股（指刻板地介绍作者、时代背景、词语解释、段落大意、中心思想、写作特点等一整套机械统一模式）转变为因材施教，灵活多变；由面面俱到、巨细无遗转变为“当点则点、当拨则拨”；由单向交流转变为多向交流。点拨教学的信息交流方式，既不同于串讲法的单向交流，也有别于导读法的双向交流，它要求实现教师与学生、学生与学生之间的多向交流，实现师生之间的相互点拨和彼此辐射，这是一种立体的多向交流。三是从只重“学会”到注重“会学”的转变。由只注重教法转变为同时注重学法，由只注重学会知识转变为更注重培养能力，由只注重手把手教转变为注重引导放手学。点拨教学特别注重引导学生把知识转化为能力，要求在“吸收—消化—运用”的三个阶段随时实施点拨，以达到培养创新型人才的目的。点拨教学法是在现代教育科学思想理论的指导下，贯彻启发式教学原则，灵活综合运用各种具体教学方法的一种现代化和科学化的教学法。

徐：您曾把点拨法和串讲法加以比较，请顺便谈谈您的观点。

蔡：串讲法作为传统的教学方法，优点是能细致地讲解课文，从字词句到篇章结构，教师一一讲析，全面周到。弊端不在于串讲这一方式有错误，而在于教师在串讲时把学生置于被动接受地位，我讲你听，师讲生记。这种教学等同于把嚼碎的馍喂到学生嘴里，显然是不利于培养学生思考能力的。点拨法不是把课文讲细讲透，让学生听记，而是着眼于如何给学生创设思考的契机，搭起思考的跳板，让学生积极思考，自主钻研。串讲法与点拨法有时都会用串讲方式，但由于着眼点不同，效果大相径庭。

如《祝福》中三次肖像描写，若按串讲法教，则是逐次讲解；若按点拨法教，则是串讲一次，其余两次由学生思考。逐次讲解，似乎全面周到，但学生没有参与机会；串讲一次，其余由学生讨论，学生的主动性就有机会发挥了，教师串讲起举隅作用。

徐：语文点拨教学法在教育思想、教学方法以及教学过程方面有哪些特点？

蔡：语文点拨教学法的主要特点表现在三个方面。

第一，点拨法具有方法与思想有机统一的特点。

一般有什么样的思想就会有什么样的方法，运用某种方法总是在某种思想指导下进行的，但现实中思想与方法总是难以统一。

孔子启发式教学思想直到今天也没有过时。然而古代除了少数教育家在教学实践中充分体现启发思想，大多数学堂与私塾中仍然采取串讲方法教学。串讲作为一种具体方法是可行的，问题是它离开启发思想的指导，以灌输知识为目的，就出现弊端了。

改革开放之前，我们一边宣传“发展智力、培养能力”的思想，一边在课堂上仍然大搞满堂灌，学生仍然被动学习，主动性没有得到充分发挥。“理念是先进的，行为却是落后的”，这种现象长期摆脱不掉，主要就是没有用思想来观照方法，让方法服从思想，以至于说的是一套，做的又是另一套，想和做脱离。

改革开放之初，开始变“讲”为“问”，这是一大进步。教师们在思想上意识到“问”比“讲”好，但由于误入孤立地研究“问”这一歧途，“问”这种教法又出现了弊端，即“满堂灌”变成了“满堂问”。“满堂灌”没有体现启发思想，“满堂问”也未必体现启发思想。“满堂问”往往是教学的表象，没有真正打开学生的思考之门。方法是花朵，思想是泥土；方法只有植根于思想，才可茁壮生长，叶茂花艳。

我一向主张把思想和方法融为一体，由思想指导方法，由方法体现思想，所以没有再给包含于点拨法之中的具体教学方法取一个新名词，而是以点拨为思想的核心，以点拨为方法的核心，把一切体现点拨思想的具体教学方法都看作好的方法。因此点拨法也具有极大的包容性。

第二，点拨法具有统管语文教学各方面的整体性特点。

教学方法有宏观的通用于各方面的方法，也有微观的只适用于某一方面具体操作的方法。两者各有优势，前者通用性强，比较灵活；后者具体性强，模式化明显。我所讲的点拨法属于前者，是通用的方法。

点拨法是一种可以全方位运用的教学方法，在听、说、读、写教学训练中都可以运用。阅读教学需要点拨，作文教学也需要点拨；各个教学环节中可以点拨，也可以运用多种方式进行点拨；课堂学习时需要点拨，开展课外活动时也需要点拨。总之，不受教学内容与形式的限制，也不受时间和地点的约束，在语文教学的一切领域都可以运用具体的点拨方法。在具体运用上，强调因材施教，相机诱导，适时点拨，当点则点，当拨则拨，灵活机动，因势利导，不搞统一的固定的模式。只要运用得当，就可以取到很好的效果。

如教《孔乙己》，在甲班可以从课题入手，从人名上进行点拨，引导学生进行人物形象分析与研究，在乙班则可以从咸亨酒店的场景描写上进行点拨，引导学生从典型环境中去把握人物的典型性格；教这一届学生从一个“笑”字入手实施点拨，引导学生理解孔乙己的悲惨遭遇和个性特征，教下一届学生则可能让学生想象和讨论孔乙己之死，引导学生深挖孔乙己悲剧的社会意义……总之，可以运用多种方法，从多种角度实施点拨，在不同的教学环节上进行不同的点拨，不拘一格。这样，整个教学也就“活”起来了。

这种统管语文教学各方面的整体性特点，是点拨法的一大优势。

第三，点拨法具有多向交流的特点。

课堂教学是一种信息交流。班级授课制并非一对一教学，而是教师与学生、学生与学生之间的一种思想信息的交流活动。有时是单向的，有时是双向的，有时是多向的、立体的，情况不同，效果也不一样。

我刚才说过点拨法与串讲法的区别，为了说明点拨法多向交流的特点，这里我把讲读法、导读法和点拨法的信息交流方式及其特点做一下比较。

讲读法和导读法的信息交流都是双边关系。

讲读法主要是教师讲，学生听，讲的内容主要是课本知识，即课文串讲，教师满堂灌，学生被动接受灌输，活动也局限在课堂，这是一种信息由教师传递到学生的单向交流。

导读法主要是教师导，学生学，导的内容是指导学生学，即教师事先设计好教学步骤，让学生依照步骤读书；针对学生的阅读实际，教师加以引导，目的是让学生按照阅读程序完成学习任务。它的教学活动方式主要是在课堂上把教与学结合起来，教师注重对学习方法的指导和学习效果的反馈。这种信息交流是师生之间双向交流，较讲读法已经有所改革和进步。

点拨法与讲读法和导读法均有所不同，主张开放式教学，力求实现多向辐射的立体式信息交流。

点拨教学既不是教师单一的讲，也不局限于教师导和学生读，而是力求把教与学的内容及其方法的运用拓展延伸，在师生之间、生生之间实行信息的相互辐射与立体交流。如点拨学习内容，点拨学习方法；课堂内进行点拨，课堂外也可以点拨；教师点拨学生，学生点拨学生，甚至可以是学生点拨教师。

点拨不是教师单向的讲，也不是教师单一的导，而是多向性的教与学的相互启发和交流，使教与学的活动得到三种延展：一是教学思想与学习思想的延展，二是教法与学法的延展，三是知识与能力的延展。

相比导读的范围，点拨的范围进一步扩大，方式方法也更为灵活多样。点拨教学中的“点”与“拨”都能起到“导”的作用，与导读法的“导”有相通之处，但点拨法之“导”并不贯串于教学的全过程，不像导读法那样需要导学生自读预习，导学生分析讨论，导学生练习复习，导学生运用和完成作业等。点拨，尽管也着眼于“导”，却重在“点”与“拨”。什么地方需要“点”，什么地方需要“拨”，完全取决于教材的特点和学生的需要。它强调的是“当点则点、当拨则拨”，因材施教，并不是在教学的全过程和学生学习的每一个阶段都实行点拨。点拨的终极目的是废弃“导”，为了不用点拨。学生经过点拨后逐步学会自己点拨自己，自悟自能，掌握自学方法而无须引导。

点拨法很注重通过点拨引导学生自我掌握：学生一方面分析和掌握自己的思维特点以及心理、生理的趋向与特点，另一方面掌握适合自己的科学的、实用的、有效的学习方法。点拨法是教法与学法的综合体，它把教师的指点与学生的独创有机地结合起来。这正是多向信息交流带来的好处，是很有特色的。

徐：点拨法这种多向交流的特点，在教学中怎样体现呢？

蔡：我想从四个方面来谈这个问题。

第一，体现在教师和学生之间的交流上。一方面教师给学生点明要点，讲清难点，给学生以启发；另一方面学生及时向教师反馈学习信息，使教师对学生的学习情况有所了解。这是教学中最基本的交流形式。

第二，体现在学生与学生之间的交流上。不同学生的学习情况是不平衡的，有的学生领悟快，有的学生领悟慢；有的很快找到了解决问题的方法，有的则要花一段时间在“方法大门”外徘徊……针对这种情况，教师抓住时机，通过点拨学生A来点拨学生B。第一个点拨者是教师，第二个点拨者是学生A；学生B是接受学生A点拨的人。

如教朱自清《荷塘月色》，教师问：“揭示文眼的句子是哪一句？”全班同学都在思考时，其中有一个同学率先回答：“是‘这几天心里颇不宁静’这一句。”按照一般的双向交流，学生回答了老师的提问就算完成了任务，但点拨者还要紧追一步：“你认为这一句是文眼，理由何在？你是怎样思考这个问题的？请你把思考过程和方法向大家说一说。”于是这位同学就把自己研究问题的窍门说出来了。

从一定意义上说，这位同学说出解决问题的窍门比说出问题的答案更有价值，因为这对全班同学都有启发意义。“这位同学”就属于上面说的“学生A”，其余同学就是上面说的“学生B”；学生A启发了学生B，是在教师的点拨下实现的。

第三，体现在学生点拨教师上。这是一种特殊的交流，虽然对象还是学生和教师，但学生是点拨者，教师是被点拨者，性质与教师点拨学生是不同的。

如教鲁迅的《故乡》一课，学生站起来发问："文章末尾部分用了三个词'辛苦展转''辛苦麻木''辛苦恣睢'，前两个词分别指'我'和'闰土'，那'辛苦恣睢'是指谁呢？查词典，'恣睢'是任意胡为的意思，难道是指剥削者或反动派吗？"教师若没有思考这个问题，一时就无从答起。

在课堂教学中，这可能是教师教学的一个败笔，但从点拨效果上看，这是激发教学冲突的绝好时机。于是教师与学生一道攻克这一难关，最后取得比较满意的答案："指杨二嫂。杨二嫂原来是性情温和的'豆腐西施'，由于生活的重压，她的人格发生了变异，她成了一个蛮横不讲理的人；作者不希望水生、宏儿他们将来成为杨二嫂这样的人。"

可见，教师点拨学生，是正向交流；学生点拨学生，是横向交流；学生点拨教师，是逆向交流。点拨法的这种多向交流的特点，活跃了课堂气氛，扩大了思考的空间，增加了思考的力度。

第四，体现在民主、合作、探究教学上。点拨教学的信息交流的方式与特点，表明点拨教学的实施过程是一个教与学、教师与学生双向互动的过程。通过"点"与"拨"，师生之间、生生之间互相交流信息，达到思维共振、情感共鸣、排除障碍、解决困难、探讨问题、获取知识、发展能力的目的。

这种点拨互动、默契协调、相互启发、共同提高，是一种教学共振，是师生之间的密切合作，是教学相长的体现，它促进了教学效率的提高，把教学活动引入佳境。在这个互动、合作的点拨教学活动中，教师与学生的积极性实现了有机结合，得到了充分发挥，大大提高了教学效率。

教师与学生的双向互动与密切合作，充分体现了民主教学的特点。师生之间是一种民主、平等、合作的关系，无论是“点”与“拨”，还是教与学，双方在人格上是完全平等的。

点拨活动中，教师要善于发扬民主，让学生独立自主地思考问题，分析问题，富有创造性地解决问题；教师也虚心向学生学习，倾听他们的意见，同他们一起商量切磋，共谋成功。

魏书生老师特别强调语文教学的民主化，他认为学生是学习的主人而不是学习的奴隶，教师要树立为学生服务的思想，要建立互助的师生关系，要发展学生的人格与个性，要引导学生不仅参与学而且参与教，增强主人翁意识。这也是实施点拨教学的要求。

这些特点昭示了点拨法的“法”，不能狭隘地将其理解为一种具体的教学方法与技巧，而要从宽广的领域和更深的层次去把握。

点拨有“法”而无“模式”

徐： 蔡老师，您说过“点拨有‘法’而无‘模式’”，请详细谈谈其中的缘由。

蔡： 常言道：“教无定法。”所谓“无定法”，前提是有“法”，而具体到课堂教学环节实际运用中，又是“无定法”的。

不少朋友曾要求点拨教学提供具体的“模式”，我一直认为有害而无利。教学过程是多方面、多层次的，是千姿百态、变化多端的，超越特定教学条件的唯一万能的教学模型或模式，是不存在的，追求这个只会把点拨教学引向死胡同。

语文教学是一种科学，又是一种艺术。作为科学，它要遵循认识规律，有一定的运动规则；作为艺术，它充满灵性，生动活泼而富有变化。因此，我不提倡点拨教学模式化。

同一篇课文，甲班可以这样点拨，乙班可以那样点拨；同一种点拨方法，你可以那样用，我可以这样用；同样实施点拨教学，教现代文时甲班可以分两阶四步，乙班则需要三阶五步，教文言文又不一样了，为什么非得用某一种模式不可呢？课文难易不同，学生学习程度有差异，我们不可能用同一模式来实施点拨，这是显而易见的。因此，我一直强调点拨有“法”而无“模式”。

对此，安徽师范大学倪三好教授在《一种先进的教学方法论——蔡澄清点拨教学思想探微》（《语文教学通讯》1993 年第 10 期）一文中也有所论述。他说：“蔡老师所说的点拨法之‘法’，确实不是指某种具体的教学方法，而是教学的一种指导思想，或确切地说，是现代教育观念指导下产生的一种教学方法论。……通过考察，我们不难感受到，点拨教学法作为一种教学方法论，已经构建起自己的‘理论系统’，具有自己鲜明的个性特征。”该文从“宗旨上的育能性”“运用上的针对性”“方式上的综合性”“掌握上的高难性”四个方面予以阐述。

徐：一线教师在践行点拨法的时候，一般要如何操作呢？

蔡：点拨虽无模式，但它有“法”，有“法”就可以操作。这里所说的“法”有两种含义：一是指教学的方法，二是指教学的规律与法则。

点拨教学当然是有教学方法的，而且可以多种多样，不拘一格。既然是方法，就可以运用，运用起来了，也就会操作了。

点拨法无论从广义还是从狭义上出发，都是可以操作的。广义的点拨，可以从教材的组织、教学过程的安排、教学方法的运用上来实施；狭义的点拨，是指教师运用各种方法对学生既点且拨，这些方法都是很具体的，如提问法、诵读法、比较法、推导法、探究法等。

点拨教学有“法”的另一重含义，是指点拨教学作为一种教学活动，是师生的一种认识运动，这种运动是有其运动规则和发展过程的，把它们概括起来，上升到理论的高度，也就近似于规律和法则。规律和法则，既是可以认识和掌握的，也是可以运用和操作的。

点拨教学的具体发展进程大致如下：（1）吃透两头（把握教材特点，了解学生实际），摸清障碍（理出知识难点与重点，摸准学生的心理与思维障碍）；（2）认清方向（明确教学目标，把握主攻方向），选准突破口（选定攻关要塞，找到实施点拨的“引爆点”，准备好“引爆剂”）；（3）相机诱导（寻找契机，进行引导），适时点拨（抓住机遇，及时点拨）；（4）讨论交流，理解消化（启发讨论，组织交流，加深理解，消化吸收）；（5）双向反馈，总结提高（师生交流，反馈信息，点拨归纳，深化提高）；（6）迁移训练，举一反三（消化巩固，练习迁移，学以致用，发展能力）。

以上六步分为三个阶段进行：一是准备阶段，主要是教师备课，钻研教材，了解学生，搞好教学设计，准备实施点拨；二是实施阶段，主要是教师组织引导学生自学，在自学过程中教师相机诱导，适时点拨，帮助学生消化教材，掌握知识，培养能力，这是点拨教学的主要阶段；三是发展阶段，这是在前两步基础上的延伸与发展，主要是用举一反三的点拨方式，引导学生进行迁移练习，以拓展知识、发展能力，达到闻一知十的目的。这三个阶段构成了一个完整的点拨教学过程。

如果硬要说“模式”，那就是广义上的“模式”；如果套用人们常说的几阶几步的话，那就算它是“三阶五步”吧。我一直主张把它说成是实施点拨教学的一般发展过程或操作体系，而不必说成是“模式”，以免产生误解。

至于实施点拨教学的具体方式方法，完全可以百花齐放，无须有什么固定的“模式”。这也正是点拨教学法不同于那些规定有多少阶多少步的固定教学模式的地方。

徐：单从课堂阅读教学的实施过程来看，如何实施操作点拨法呢？

蔡：大致上，可以从如下几点来实施操作。（1）导入性点拨。通过某种点拨，引导学生主动快速自读全文，把握基本信息，了解中心内容。初读、概览——整体感知，是第一步点拨。（2）研究性点拨。通过多种点拨，引导学生分段和仔细阅读课文，对课文内容条分缕析、分项研究、整理归类。细读、分析——全面理解，是第二步点拨。（3）鉴赏性点拨。通过多种点拨，引导学生精读某些重点句段，深入探究其内容特点和艺术特色，欣赏其写作技巧与语言艺术。精读——重点钻研，是第三步点拨。（4）反馈性点拨。通过某种点拨，引导学生快速复读课文，回答问题，反馈信息，并就课文内容进行归纳小结。复读、总结——巩固提高，是第四步点拨。（5）迁移性点拨。通过某种点拨，引导学生举一反三，完成某种迁移练习，使知识转化为能力。学以致用——发展能力，是第五步点拨。

对《孔乙己》点拨教学，我有一个教学设计课例，其中的点拨途径仅供参考（见附录）。

徐：对阅读教学，您提出了这些具体可行的操作进程与方法。那么，在作文教学中，通常需要怎样操作呢？

蔡：关于作文教学训练三部曲，我在《积累·思考·表达》等书中有专门的论述。

作文教学有不同的教学环节，在各个环节的不同阶段，可以精心设计，巧施各种点拨。如审题阶段的抽换点拨、立意阶段的对比点拨、选材阶段的比较点拨、构思阶段的逆向思维点拨、表达阶段的推敲点拨、修改阶段的删补点拨、批改阶段的评语点拨、讲评阶段的示范激励点拨等，都是我们实施点拨的大好时机和有效途径。具体的点拨方法可以多种多样，不需要也不可能用同一种点拨模式。

这些点拨都是很容易操作的，因为点拨是方法而非模式。

蔡澄清在课堂上点拨学生自学

徐：您一向注重读写结合，能否结合具体案例来谈谈？

蔡：本着读写结合的原则，教师要引导和点拨学生结合阅读去练习写作，着重启发学生掌握读写方法，引导学生懂得如何进行观察，如何独立阅读，如何进行思考分析和正确理解，如何学会运用，从而在自学中全面培养和提高自己的听、读、说、写能力。

如我上初二写作课，教学动物的描写，我先讲授写作知识，进行专题指导，然后让学生练习写一篇描写动物的作文。

写作知识怎么讲呢？我没有先讲理论，而是提问学生："最近，时令已经入秋了，常能听到蟋蟀在弹琴吟唱。蟋蟀是什么样子的？谁逮过蟋蟀？怎样才能逮住它？"学生听了浑身是劲，跃跃欲试想回答。我请了两个学生讲，讲得都不全，描述也不够生动。

于是，我请一个学生朗读叶圣陶《童年》中描写儿童捉蟋蟀的内容，让大家欣赏作家是怎样写的，再和自己想讲的比较一下。叶老对蟋蟀的外形、生活习性、动作以及儿童捉蟋蟀时的神态动作等都做了淋漓尽致的描写，十分有趣。我又提问："描写蟋蟀这样的动物要注意些什么？"他们回答要描绘形态、动作、神情以及生活习性等。这样举一反三，学生就把有关动物描写的写作知识学到手了，比起直接灌输理论，效果好得多。

我接着引导学生复习刚学的课文——屠格涅夫的《麻雀》，又补充列夫·托尔斯泰的短文《布尔加》，要求学生说说这两文中写的动物有什么特点，作者是怎样描写的，我们可以从中受到哪些启发。

在学生讨论回答的基础上，我提出：（1）观察要细致；（2）要抓住特征写；（3）描绘要具体。学生根据这三点，再阅读《梧桐树下的"小邻居"》等范文，进行比较、体会。然后我布置写作文的作业。结果学生写出来的作文，内容丰富多彩，描写也较具体生动。

这样教写作课，我的意图也是进行点拨：引导学生从范文中受到启发，领会知识，接受锻炼，然后进行模仿，由模仿进而发展到创造。

除了常规作文课大作文、小作文训练，我也提倡写日记与课外练笔，用现在的话来说，就是重视写微作文。

徐：通常，学生觉得写作文是一件头痛的事，老师改作文是煞费苦心的事，您却有“五乐”。为什么有这样的体会呢？

蔡：作文教学的确是师生双方都感到困难的事情。一方面，学生绞尽脑汁，难出佳作；另一方面，老师觉得评改是苦差事。

乌以风老师曾讲过梁漱溟的故事。梁漱溟在北大哲学系讲授印度佛学知识，也讲授中国儒学知识。梁漱溟发现《论语》开篇讲的就是“乐”字，全书竟然没有一个“苦”字，他想到印度佛学流行的是“苦感文化”，中国儒学提倡的是“乐感文化”，于是找到新的视点来比较研究东西方文化，写出哲学著作。儒家学习课程有“礼”“乐”等，“乐”的重要性排在第二，又强调“悦”，提倡积极向上的人生观，“发愤忘食，乐以忘忧”。我想，我也要找到作文教学追求的心灵支柱，于是，我经历和感受到了“五乐”。

一是发现乐。在作文评改苦海里遨游的时候，一旦发现有长进或出类拔萃的作文，我会感到非常喜悦。教师的任务是发现人才，培养人才，要寻找那些激励学生上进的积极因素，作文教学也是如此。

二是提高乐。作文经老师评改后，学生取得了明显的进步，或者在老师的指导下，作文修改后变成了一篇佳作，进而激发了学生的写作兴趣，促使他们主动地多读多写，这无疑都使老师感到快乐。有个叫董辉的学生，初中刚入学时写作水平一般，我多次引导和鼓励，他写作积极性大为提高。一次课外练笔写“雪”，他一连写了四篇作文，文末另写了一段话，表达他想每一篇作文尝试运用记叙、说明等不同的写法。我批改后，写了一段话：“这几篇《雪》写得不错。同一题材从多种角度进行练笔，有助于发展观察、思维和想象能力，也锻炼和提高了写作技巧和语言表达能力。坚持练笔，值得提倡。”之后，他更加努力，毕业时已成为成绩优秀的学生。回味过去我评改苦，再看今日他进步快，能不感到乐吗？

三是冒尖乐。有时发现虽不成熟但经过指导修改会升格为佳作的作文，我就精心加以修改，达到发表水平的，我就推荐给报刊。学生拿到样刊时，高兴之情溢于言表，备受鼓舞。全班师生分享这种“冒尖”之乐，自然喜不待言。

四是丰收乐。把丰收果实积累起来，回头品评一番，自有一种丰收之乐洋溢在心间。在评改中挑出几篇写得比较好的作文，用于评讲，有的作文在班级“学习园地”张贴出来，一学期可以积累上百篇优秀作文。寒暑假期间我把优秀作文修改完善，打印成册，发给同学们阅读欣赏。教实验班和普通班时，我都坚持这样做。大家互相交流品赏，乐在其中。

五是成才乐。每一个班级中都有在写作上取得突出成绩的学生。有的学生在学校打下坚实的写作基础，在大学成为高才生，走出社会后成了优秀文字工作者，还有的走上了文学创作道路，教师看到他们茁壮成长，能不产生由衷的喜悦吗？后来，我看到以前教过的学生创作优美的文学作品，发表学术论文，或者出版专著，我总感到快乐和慰藉。

这“五乐”，仅是我在作文教学中的一点体会，相信绝大多数老师都有更多更好的实践经验。

蔡澄清部分作文类图书

徐：目前中高考命题改革越来越注重写作，您如何看待呢？

蔡：“作文是语文的半壁江山”，这话一点不假。中高考改革中，写作越来越受到重视是必然现象。

我们语文教师一定要高度重视作文教学。人民教育出版社原资深编审、课程教材研究所研究员、80多岁的周正逵先生发表一篇宏文《语文教材问题的要害是体系陈旧——纪念全国中小学教材会议召开40周年》(《语文学习》2019年第1期)，其中提到作文教学问题时，他强调：“事实上，阅读和写作是语文训练的两个重要课题。阅读是写作的基础，写作是阅读的升华，二者相辅相成，互相促进。如果把语文训练比作一辆战车，阅读和写作就是不可或缺的两个车轮。双轮一起滚动，战车才能向前飞奔，独轮车是很难跑得快的。‘阅读本位’的体制，未能正确处理阅读与写作的关系，产生了重读轻写的偏向，其结果是写作起不来，阅读也上不去，落得个两败俱伤。”周先生这段话很有见地，语重心长。

“积累—思考—创新”三部曲

徐：后来，“积累—思考—表达”写作训练三部曲演变为“积累—思考—创新”能力发展训练三部曲，这个发展过程是怎样的呢？

蔡：这是个不断实践、认识逐渐深化的过程。“自学－积累—思考－讨论—运用－创新”，或简称“积累—思考—创新”，是教学训练发展过程。这个语文训练“三部曲”，既包括阅读训练，也包括写作训练，是一个学习和运用语文的训练全过程。

20 世纪 80 年代初，我进行年段分科教学实验时，就提出了“写作能力培养训练三部曲”。全国中语会第二次年会上，我提交了《积累·思考·表达》一文，论述“写作训练三部曲”。经过三年教学实验，我和陈军合作撰写了《积累·思考·表达——写作能力的培养》专著，具体论述和阐明了“写作训练三部曲”。

蔡澄清部分著作

当然，这只是就写作训练来写的，未包括语文训练的全部内容。现在我所讲的“语文能力训练发展三部曲”，不仅包括写作，也包括阅读，更囊括了学习和运用语文的全部训练过程，即听、说、读、写、思的训练全过程。

“点拨—创新”模式中的“三阶”“五步”，正是这样一个语文训练的发展全过程，它由原来的“写作训练三部曲”扩展而来，简称为“语文能力训练发展三部曲”。

徐：“语文能力训练发展三部曲”的训练内容和训练要求有哪些？

蔡： 第一部曲，“自学—积累”（输入）。

语文教学要训练学生通过自学进行积累，这是第一阶段，是基础工程。学生语文水平的高低、能力的强弱，取决于这个基础是否坚固、厚实。

学生要积累些什么？一要观察了解世界，积累生活常识；二要积累知识，包括文化知识和科学知识，特别是语言、修辞、逻辑、文学的知识；三要积累语言，包括字、词、句、篇，口头语言和书面语言，这是积累的核心；四要积累能力，主要是听、说、读、写的能力，也包括思维能力，语言与思维密不可分；五要养成学习与运用语言的良好习惯。

怎样训练学生学会积累？主要途径是观察、聆听和阅读。通过这些训练，学生学会观察世界，认识社会，了解生活，丰富经验，汲取知识；在生活和阅读中感知语言，学习语言，积累语言，丰富语言，学会听、说、读、写、思的方法与技巧，在感受生活和体悟语言的实践训练中发展和提高语文能力。这一阶段主要是训练吸收、输入，故简称“自学—积累”。

第二部曲，“思考—讨论”（转化）。

在自学、感知、吸收、积累的基础上，教师还必须引导学生进一步理解、消化，这就需要进行思考、辨析、研究、讨论。这一阶段，即“三部曲”的第二阶段。

这一阶段主要是训练学生的思维能力和听说能力，包括交流、论辩的能力。此训练应与听、说、读、写的训练紧密结合在一起进行，两种训练难以分割。思维能力是智力的核心，是语文能力发展的关键。

阅读需要分析才能理解，写作需要审题、构思才能表达，这都离不开思考。思考需要交流、切磋和讨论，不断推敲、商榷、修正、补充、反馈，以求得真知。这一阶段的训练十分重要，是从输入到输出的转化阶段，是很关键的一环。

在训练方式上，教师应该彻底摆脱"一言堂"的灌输方式，通过点拨引导，组织学生进行思考、表达和讨论，训练和发展学生的思维能力、听说能力及论辩能力。反映在课堂上，就是点拨、思考、讨论，师生互动，民主平等，和谐合作，充满活力。

第三部曲，"运用—创新"（输出）。

学习语文的目的全在于运用，运用贵在创新。这一阶段的训练，是在积累和消化的基础上，经过思考和讨论之后，进一步进行操作练习，通过实践运用以达到学生知识与能力的发展、迁移和创新的目的。即在输入积累之后，经过思考转化，实现输出创新。

这一阶段的训练，仍是在教师的点拨、引导之下，通过听、说、读、写、思的练习方式来进行的，是在前两个阶段基础上的进一步实践。在实践中，一方面锻炼和提高学生的阅读理解能力，另一方面锻炼和提高学生的写作表达能力，因此特别要突出语言文字基本功的训练和语文表达方式与技巧（包括写作修改能力）的训练，要着重培养和发展学生的创新精神与创造能力，这是学生学习语文的终极目标，也是语文训练的最后归宿和语文教学的最终目的。

果能如此，学以致用，并有所创新，学生的语文素质和综合素质必将得到迅速提高，我们也就出色地完成了语文教学任务。

徐：“语文能力训练发展三部曲”有哪些特点呢？

蔡：首先，它是一个实践发展过程，也是一个认识发展过程。作为实践和认识的主体（人），也处在矛盾的不断发展变化中，其完全符合实践论、认识论和矛盾论的要求与发展规律。

其次，这个训练发展过程是从信息的输入储存到信息的思考转化，再到信息的输出创新的全过程，反映出一定的程序化、系统论和控制论的特点。

再次，这个训练过程突出地体现教与学双边活动的特点。学生是学习者、实践者，是学的主体，充分发挥着学习的积极性与主动性；教师是点拨者、引路人，是教的主体，充分发挥着教学组织、引导和点拨、调控的作用。在训练中，“训”与“练”的信息交流是立体的，起着相互辐射、教学相长的作用，师生完全平等，教学民主和谐，课堂生动活泼，体现出现代化教育的特点，彻底打破“一言堂”“满堂灌”，真正革除传统教育中教师单向灌输知识的弊病。学生在教师的点拨、启发与引导下，通过练习、操作和创新的实践活动，从“学会”进一步走向“会学”。

最后，在这个训练过程中，始终以语言训练为核心，通过听、说、读、写、思的各种方式的训练，点拨和引导学生正确地感受语言、积累语言、理解语言和运用语言，使学生从中受到启发，陶冶情操，学会审美，从而迅速发展和提高语文素质与综合素质，最终达到实施素质教育的目的。

开展“三部曲”训练，教师必须周密策划，认真组织，相机诱导，适时点拨，严加管理，合理调控；教师应学一点策划学和管理学的知识，并把它运用到训练管理中，提高训练效率；教师必须努力提高自身素养，这是十分重要的。

徐：新课程改革中，人们较多关注“人文性”和“三维目标”，您怎

么看待语文能力发展训练的问题？

蔡：在人们关注新课改“人文性”“三维目标”的情况下，我对语文能力发展训练依然看重。芜湖市作为安徽省唯一的全国30个新课程初中语文新教材实验区之一，在试验推进新课程改革方面迈出了可喜的一步。

我总在思考，语文新课改的基本任务是什么？我认为是培养和提高学生的语文素养，重点是培养和发展学生正确理解和运用祖国语言文字的能力。语文能力的形成和发展需要经过一个实践训练的过程。这个过程是怎样运动和发展的？它有什么规律和特点？我们如何全程推进？我在退休后，也一直关注思考这些问题。

2009年，全国中语会学术委员会开展以“新时期语文教学发展30年”为题的征文活动，要求委员们结合自身的教学和研究写一篇论文。我写了一篇《再说“语文能力训练‘三部曲’”》，之所以“再说”，一是因为之前已经多次发文谈过这个问题，二是因为新课改正在全面推进，而在新课改中人们最为关注的是“人文性”和“三维目标”的问题，强调的是“情感、态度和价值观”，而“语文能力训练”遭遇淡化。因此，我觉得有必要老调重弹，并补充论述新的内容，以积极响应并参与深化新课改。

创建“点拨—创新”模式

徐：进入新世纪，您提出“点拨—创新”模式，是基于怎样的思考？

蔡：世纪之交，我在点拨法的研究过程中，提出了“点拨—创新”

模式。

点拨作为一种教学方法与技巧，它的运用灵活多变，不应当形成僵化的模式，但点拨教学作为一个认识运动和实践发展的教学过程，又有其自身的运动规则与发展规律。这就是我说的“点拨有‘法’而无‘模式’”的全部含义。点拨教学，可以用多种多样的方法与技巧；点拨教学过程，可以构成一定的模式。“点拨—创新”这个模式，就是基于这种理解。我主张积极构建并倡导运用这个模式。

“点拨—创新”教学模式起于教师点拨、学生自学，终于学生运用创新，中间是教师点拨学生进行语文实践的教学训练发展过程。这个过程，大体上可以构建为“三阶”“五步”。所谓“三阶”，就是输入、转化、输出。所谓“五步”，就是自读、自思、自述、自结、自用。自读就是在教师点拨下，学生进行阅读、自学，主要是引导学生对学习内容进行感知、吸收、积累。自思就是在教师点拨下，学生进行思考、研究，主要是引导学生对学习内容进行辨析、理解、消化。自述就是教师点拨后，组织学生进行讨论、交流，鼓励他们将学习观点、感受进行自我表述，通过切磋、商讨，求得认识的深化。自结就是教师点拨后，引导学生进行自学总结，通过归纳、复习求得知识巩固，并进行信息反馈。自用就是教师点拨后，指导学生运用，让学生通过操作、练习实现能力迁移，并达到创新的目的。

以上“五步”或曰教学的“五个环节”，从“点拨—创新”这个教学模式来说，从实践论和认识论上来看，又可以概括为三个阶段。

第一个阶段，自学—阅读——这是“输入”阶段：吸收—积累。

第二个阶段，思考—讨论——这是“转化”阶段：辨析—深化。

第三个阶段，运用—创新——这是“输出”阶段：迁移—创造。

这是知识转化为能力的三个阶段，套用古人的话说就是“博学之，审问之，慎思之，明辨之，笃行之”的全过程，亦即“学—

思—用”的过程。

“点拨—创新”模式构成的教学组织结构与教学发展过程，应当视为一个有机的教学活动整体。

之前，我提出写作能力训练“三部曲”：第一部曲是输入，即训练积累能力（主要指观察与阅读）；第二部曲是转化，即训练思考能力（主要指审题、选材、构思等）；第三部曲是输出，即训练表达能力（主要指语言文字基本功、写作技巧与文章修改等）。

这个“三部曲”与我上面所说的“三阶”相适应，只不过它是专就写作能力的训练与培养来构建的。写作训练作为语文训练的组成部分，其认识与实践的基本原理大致相同。

我主张把这个写作训练“三部曲”延伸、扩大到整个语文能力的训练上来，构成一个培养和训练学生语文能力的“三部曲”，即“点拨—创新”模式，亦可称为“点拨—训练—创新”模式。这是我在 20 世纪末课题实验研究基础上形成的语文教学思想的最新观点。

徐：“点拨—创新”冠以“模式”，与您之前说的“点拨有‘法’而无‘模式’”是否矛盾？

蔡：“点拨—创新”作为一种中学语文教学模式，是指以点拨为主要教学方法，以培养学生创新精神与实践能力为主要宗旨的教学组织结构与教学发展过程。以点拨自学为起点，以迁移创新为终点，既是训练实践的发展进程，也是认识运动的发展进程，它有其自身的发展规律和运行法则。这和我一再说的“点拨有‘法’而无‘模式’”并不矛盾。因为“点拨—创新”语文教学模式符合语文学科的特点，也符合中学生的客观需要。

运用这个教学模式，可以实现三个转变：变教师讲堂为学生学堂，变僵化的教学八股为灵活机动的点拨，变只顾“学会”为注重“会学”。这有效地革除了传统教学中教师单向灌输知识的“满堂灌”的弊病，从“注入式”走向“启发式”，从“一言堂”走向“讨论式”，从而营造了和谐、民主、宽松、愉快的教学气氛，建立起师生平等的关系，有利于培养和发展学生的创新精神与创造能力；优化了教学过程，提高了教学效率，有利于改变语文教学中长期存在的“少、慢、差、费”状况。

我认为，构建“点拨—创新”语文教学模式，符合深化教育改革、实施素质教育、培养学生学科核心素养的大方向，有利于创新精神和创造性人才的培养。进入21世纪以来，点拨教学进入“点拨—创新”教学模式实验新时期，是经历了前几个阶段基础上的新发展。

徐：“点拨—创新”与国外当代教学理论相关联，如建构主义学习理论等，对此，您是如何思考的？

蔡：21世纪以来，点拨教学法致力于“点拨—创新”教学模式研究。如何促进点拨教学法理论更加体系化、科学化，是点拨教学研究的一个新课题。将之与国外当代教学理论相联系，即采取横向比较的研究视角，探求其“好”的合理性，为完善其理论体系提供新思路、新血液，是其发展的必然要求。

十多年前，我作为安徽师范大学的教育硕士导师，曾指导学生们的毕业论文撰写，其中就有涉及这方面专题研究的。如有学者将点拨法的要义、主体论等与建构主义相联系，将点拨法的学理与建构主义相比照，为点拨法的发展完善寻觅新的路径。点拨法的“点要害，抓重点”与建构主义的知识“生长点”，点拨法的“相机诱导”与建构主义的“最近发展区”，点拨法的“拨疑难，排障碍”与建构主义的“搭脚手架”，点拨法的“举一反三”与建构主义的“认知结构”，点拨法的“双主体”观与建构主义的“教师角色丛”等，都存在密切关联。从横向比较的研究视角予以比照，我们可以发现，点拨法的理论观点是科学的，与建构主义学习理论高度契合；以建构主义的话语体系来解释点拨教学理论，可阐述得更加丰富、更加清晰、更加具体；建构主义能为点拨教学理论发展、体系完善提供新的探索视角和路径。①

我认为，让建构主义与点拨教学从学理上连接沟通，是中西互融的好途径。

① 范金豹：《建构主义：点拨教学法的当代学理观照》，《语文教学通讯》2018 年第 12 期。

第四章　教研盛会点拨论道

参加全国中语会

徐：蔡老师，您参加了全国中学语文教学研究会成立大会，请介绍一下当时的盛况。

蔡：改革开放初期，教育部提出要成立全国中学语文教学研究会，作为全国中学语文教育教学改革的学术指导机构。

全国中学语文教学研究会成立于 1979 年，1983 年第三届年会后并入中国教育学会，其全称改为“中国教育学会中学语文教学专业委员会”，规范简称是“全国中语专委会”，但人们至今依然习惯于简称“全国中语会”。

1979 年 12 月 25 日至 31 日，全国中学语文教学研究会在上海召开成立大会暨第一届学术年会。大会推举叶圣陶为名誉会长，选举吕叔湘为会长，苏灵扬、吴伯箫、张志公、于漪、陈哲文、刘国盈为副会长，陈金明为秘书组组长。会议开得热烈而隆重，是全国语文教育工作者的一次盛会。我作为安徽省教育厅选派出席这次会议的全省唯一正式代表，参加了会议的全过程并当选为理事会理事。此后，我连任几届理事、学术委员会委员等。

叶圣陶、吕叔湘、苏步青、蒋仲仁等均出席了开幕式。在大会上，叶圣陶提出“探讨语文教学问题要重视调查研究”。叶老指出：“要研究，首先就得调查。我希望咱们多做些实况调查，不要提出一些抽象空泛的题目，找些人来泛泛地议论一通。”“研究会每年不过开一两次。除了开会，平时最好有一些访问、观摩、交流、探讨的活动。”

吕叔湘在开幕式上做了《语文教学问题和与语文教学有关的一些问题》的长篇讲话。吕叔湘说：“教，是教师这一面；学，是学生这一面。在教课当中，教师要起主导作用，这个没有错；学生学习要有主动性，这也没有错。教师的主导作用跟学生的主动性怎么结合？要偏于哪一方面就不妥当了。”

许多专家和与会代表在发言中，就语文教学的现状与改革发表了意见，还交流了教学改革经验。会议号召大家针对当前语文教学中存在的问题开展调查研究，改革教材，改进教法，开展教学改革实验，努力提高教学质量。这次会议号召力极强，对大家鼓舞很大。

会议收到与会代表的学术论文、经验报告与调研报告50多篇，连同专家讲话一起收进会刊《语文教学研究》第一辑，由吕叔湘题写书名，教育科学出版社出版。我提交的论文《语文课要注重把知识转化为能力》也收录其中。正是在这次会议上，我认识了于漪、陶本一、钱梦龙、张孝纯等先生，以后与他们交往、交流不断。

会后，全国各省市中语会相继成立，各种教学改革实验如雨后春笋，遍地开花，中国的语文教学改革真正迎来了一个百花齐放的春天。

后来的几届全国中语会年会对语文教学的热点话题进行了热烈研讨，我也提交了论文并进行汇报、交流，积极参与研讨。

叶圣陶（中）、吕叔湘（左）、张志公（右）在一起讨论

全国中语会理事会部分理事合影（中排右三为蔡澄清）

徐：全国中语会对您有什么样的影响？

蔡：全国中语会的成立及各项活动，给我开展教改实验带来了新的使命，我更加努力地进行教学改革。我的点拨教学实验与学术研究一直在全国中语会的领导下开展，得到有关领导与老一辈专家的支持。亲历各届全国中语会年会，聆听老一辈教育家的教诲，为我实验并创建点拨法提供了强劲的动力，我欣喜地看到了我国中学语文教学改革发展的美好前景。

回顾自己一生的教育教学实践经历，我自从加入全国中语会后，大体上经历了前后两个阶段，前一阶段侧重埋头于课堂教改实验，不断总结经验教训；后一阶段学术视野上站得更高一些，从而把点拨法提升到教育科学理论层面。

教材改革“香山论道”

徐：中语界鲜为人知的“香山论道”，发端于全国中学语文教材编写改革讨论会，请您介绍一下这次大会所论之“道”。

蔡：1980 年初冬的北京，香山的红叶尚未凋零，虽寒意袭人，但依然是“霜叶红于二月花”的美好季节。11 月 8 日，在北京香山别墅里，大家感到热气腾腾，教育部委托人教社主持的全国中学语文教材编写改革讨论会在这里举行。

这是国家教育主管部门召开的会议，不是社团会议，有不少行政领导及语文界权威专家参加，故而称“香山论道”盛会。当时，全国各省市首次评选了特级教师，与会代表中就有不少是新晋升的特级教师，因此此次会议也堪称一次特级教师的盛会。又因为参加会议的各地代表大部分是全国中语会的成员，也可以说是一次中语会朋友的见面会。我作为与会者一直参与其中，并与陶本一、于漪、钱梦龙、张春林等再次见面交流。

会议讨论和研究了中学语文教材改革的问题，全国各地代表带来了一项项调查报告、一篇篇教改文章、一个个改革方案、一本本实验教材等。专家的报告新颖独到，代表的发言各抒己见，百家争鸣，气氛热烈。

参加香山教材编写改革讨论会，我的收获主要有两点：第一，提出中学语文教材建设中“一纲多本”的设想，这是“双百方针”在母语教育科研中的体现；第二，讨论中学语文教材的编写体例，提出了明确的理念和多种编写方案，为教材建设中“一纲多本”的局面奠定了初步的基础。

会上，86岁高龄的叶圣陶先生回顾了20世纪二三十年代在商务印书馆、开明书店编写中小学语文教材的情况，指出语文教材的内容要贴近学生的生活。

大家还回顾了徐特立、叶圣陶两位教育专家的意见。徐特立1948年对小学国语课本的审阅意见中，除肯定优点外，提出其主要缺陷在于“各册相互之间及各课相互之间的联系，以及国民需要最低限度的知识全面性和计划性，都和辛亥以来的国语课本无甚差别。这一问题在中国历史发展近百年来未能解决，目前我们亟须解决”。1979年12月，叶圣陶在全国中语会成立大会上的书面发言《探讨语文教学问题要重视调查研究》中指出：“特别需要调查和研究的是语文训练的项目和步骤。为了培养学生具备应有的听、说、读、写的能力，究竟应当训练哪些项目，这些项目应当怎样安排组织，才合乎循序渐进的道理，从而收到最好的效果？”1980 年 7 月 14 日，叶老在《语文是一门怎样的功课——在小学语文教学研究会成立大会上的发言》中指出：“现在大家都说学生的语文程度不够，推究起来，原因是多方面的。而语文教学还没有形成一个周密的体系，恐怕是多种原因之中相当重要的一个。不知道我说得对不对。语文课到底包含哪些具体的内容；要训练学生的到底有哪些项目，这些项目的先后次序该怎么样，反复和交叉又该怎么样；学生每个学期必须达到什么程度，毕业的时候必须掌握什么样的本领：诸如此类，现在都还不明确，因而对教学的要求也不明确，任教的老师只能各自以意为之。”两位前辈的意见不约而同地指出了语文教材建设中首先要建立能力训练体系的问题，可谓一语中的。会议明确了提高语文教学质量的关键所在，给大家指明了教材改革探索的方向。与会同人们纷纷提出自己设计的教材建设方案，大家相互切磋，异彩纷呈。

大会讨论内容主要是我国中学语文教材编写改革。这次教材改革建设的呼声很高，大会在多位教育家的主持下，开得生动活泼，切实有效，既有理论高度，又有解决实际问题的深度。新编中学语文课文的构成中，叶圣陶当年主持编选的经典文章被大量恢复，占三分之二，新鲜的时文占三分之一。所谓时文，就是报刊上的时政文章。这次会议规格很高，我受益良多，难以忘怀。

会后，在从北京返回合肥的火车上，我应《文史知识》期刊之约写了一篇会议侧记《文史知识与语文能力》（发表于《文史知识》1981 年第 1 期）。该文中，我除了对该次会议予以简介，主要是结合自己中学语文课堂教学历来重视讲授一点文史知识的做法进行了阐述。因为讲授必要的文史知识，也是语文课堂的一项教学任务，它同培养学生的读写能力是密切相关、互相促进的。

《文史知识》1981 年第 1 期

这次香山会议，对当时全国中语界大兴教材与教学改革实验之风，深化教育教学改革，均起到了有力的促进作用，带领大家迈向语文教学改革的新征程，同时，也为我加强语文教学改革实验指明了方向。

参加安徽省中语会

徐： 安徽省中语会成立后，您担任多届副会长，请谈谈该会简况。

蔡： 全国中语会成立之后，各省市纷纷成立中学语文教学研究会。

1980 年 12 月 16 日，安徽省中语会成立大会暨第一届学术年会在巢湖召开。会议选举祖保泉（时任安徽师大中文系主任、教授）为会长，我担任第一副会长，副会长还有金平老师（后任蚌埠二中副校长兼安徽省民革副主任）等。此后，我任多届副理事长，直到 1999 年退休后不再兼任其职。

在首届大会上，我做了《谈谈中学语文教学改革的现状和发展趋势》主题报告，介绍了全国各地风起云涌的语文教改盛况，传达了全国中语会吕叔湘会长提出的改革中学语文教学的号召。后来，这个报告在《全国中学语文教学研究会通讯》1981 年第 2 期全文发表，《语文教学研究》等多家刊物转载，影响较大。

我在会上动员全省各地中学语文教师积极投身教改，开展改革实验，并表示自己将身体力行，带头进行教改实验。正是在上述背景下，我跟大家一道走进语文教改的春天，开始了语文教学的点拨探索与研究。

安徽省中语会的工作至今大体上经历了四个阶段。

第一阶段（1979—1990 年）：在继承传统母语教育教学经验的基础上，开始了适应社会发展需要的改革与探索。教学内容上，以教授语文知识为主进阶为培养语文能力为主；教学方法上，以讲授法统领课堂变为点拨法的倡导与探索；教育教学研究上，从自发的教师个人研究发展到自主的教师群体研究。

第二阶段（1991—2001 年）：在九年义务教育初中语文教学大纲和普通高中语文教学大纲的颁布和修订过程中，在初中语文教材多样化使用的情况下，安徽省侧重于中学语文教育教学规律性的尝试与探索。狠抓向 45 分钟要质量，开展课题探索与研究，大批优质课教师脱颖而出。

第三阶段（2002—2009 年）：2002 年安徽省启动九年义务教育课程改革，2006 年启动普通高中新课程改革。改革的重点是促进教育教学观念的转变，学习和解读新的教学理念。中学语文教学的目的是将不断提高语文素养和全面发展结合起来。这个阶段在培养优秀青年语文教师方面取得了丰硕成果：在全国中语会和语文报社联合举办的六届“语文报杯”全国中青年教师课堂教学大赛中，安徽推荐的教师连续获得一等奖，分别是邓彤（第二届高中组一等奖，1998 年）、郭惠宇（第三届高中组一等奖第一名，1999 年）、王屹宇（第四届高中组一等奖，2002 年）、汤国来（第五届高中组一等奖，2004 年）、盛庆丰（第六届高中组一等奖第一名，2006 年）、宣沫（第七届高中组一等奖，2009 年）。其中有四名教师分别来自宣城、马鞍山、铜陵、芜湖，他们都是在践行与探索、研究点拨法之路上不断成长起来的。

第四阶段（2010 年至今）：深化新一轮课程改革，在学科核心素养理念下，教育教学现代信息化技术有效运用。近年来语文、历史等学科使用统编教材，使语文教育教学迈向新时期。

谈点拨法课题以及推广

徐：“语文点拨教学实验研究”申报了安徽省教育科学研究“九五”规划重点课题，请您谈谈该课题的情况。

蔡： 20 世纪 90 年代，特别是 1996—1999 年，是一个较大规模的群体实验阶段。这一阶段的实验定名为“语文点拨教学实验研究”，正式申报为安徽省“九五”教科研重点课题。作为该项课题的学术指导，我负责指导课题组工作的开展和实施。

这一课题经过三年实验研究，于 1999 年 8 月经省市教委邀请全国中语会的领导和有关专家进行评审验收，已正式结题，有关情况已分别在

《中学语文教学参考》和《语文教学通讯》等刊物上发表。

我于 1996 年 6 月制订实验研究计划，确定了课题方案与负责人，由分管语文教学的芜湖市教科所副所长薛政民和芜湖市校际语文教研组组长王茂明分别担任正组长、副组长（二人均为特级教师），共吸收市属各校部分初高中青年语文教师 40 余人为课题组正式成员。芜湖一中作为全市主要实验基地，也成立了课题组，主要成员共有 12 人，组长由语文教研组组长胡寅初和学校教科室负责人孔立新兼任。

课题实验于 1996 年 9 月正式启动，按计划有步骤地开展。在三年实验中，课题组的规模不断扩大，成员逐步增多。第二年，课题组成员扩展为 53 人，第三年开始在市区各中学和三县分别建立县、校两级课题组，进一步扩大实验范围。如繁昌县的点拨课题实验组已吸收成员 70 余人，教学实验研究进一步展开。

这项实验的目的是通过对语文点拨教学的实验与研究，探索语文点拨教学的规律，积累运用语文点拨教学法的经验，进而改革语文教学中的弊病，革新教学方法，优化教学过程，提高教学效率，把语文教改引向深入。同时，我们希望通过这项教改实验与教育科研，培养与造就一支跨世纪的中青年骨干教师队伍，进一步推进语文教改，提高教学质量。

徐：当时，课题组对点拨法的实验和研究是如何进行的？

蔡：这次课题研究扎扎实实，卓有成效。

课题组成员认真学习“三老”（叶圣陶、吕叔湘、张志公）的语文教育思想和点拨教学理论，从而更新观念，提高认识，增强改革实验的自觉性和积极性。我向成员老师推荐了有关著作和有关点拨教学的论述文章，并印发了报刊上已发表的有关点拨教学的文章 30 多篇。我拟定了点拨教学实验与研究的参考课题 60 多个。课题组向全体成员赠发了三本主要参考书，分别是《中国著名特级教师教学思想录·中学语文卷》《语文教学点拨艺术丛谈》《蔡澄清中学语文点拨教学法》，方便大家学习、实验与研究。

我先后多次给课题组全体成员做有关语文点拨教学的专题讲座和学术报告，与大家一起学习和研讨，帮助解答老师们在实验与研究中遇到的一些实际问题。

我在实验过程中，除定期召开课题组成员会议，布置有关学习任务和具体实验工作外，还于1997年暑假集中三天时间，举办了由课题组成员和各中学语文教研组组长参加的暑期点拨教学研讨班。会议学习了我在全国中语会课堂教学研究中心庐山年会上所做的报告《关于语文点拨教学的几个问题——答青年教师问》，并就有关疑难问题展开深入研讨。

课题组成员及时、系统地学习，1998年初还专门举行了“学习《蔡澄清中学语文点拨教学法》演讲会”，我在会上致辞并全程参与，许多老师阐述了自己的体会，大家深化了对语文点拨教学法的认识与理解。

蔡澄清在演讲会上致辞

在指导语文点拨教学实验环节，我要求课题组成员根据自己的教学实践，在任教班级开展语文点拨教学试验，深入探索运用语文点拨教学法的规律与艺术，并规定课题组成员每学年完成“四个一”的具体任务：每人每学年要选定一个点拨教学实验和研究的子课题；选择一篇课文或作文进行点拨教学实验的教学设计，写成具体的教案；确定一个自己任教的班级，上一次点拨教学实验公开课，让大家听课、观摩和评议；在执教公开课基础上，进行自我分析小结，写一篇点拨教学实验的教学总结或教育科研论文。这是进行点拨教学实验最重要的基础工程和具体任务，每个课题组成员都必须切实完成。

根据上述“四个一”要求，课题组分两种形式组织语文点拨教学实验，开展具体研究。一是课题组有计划、有步骤地安排大组举行公开教学，组织全体课题组成员参加听课、评课，研究各种内容、各种形式的点拨教学的教学方法与教学艺术，总结和积累经验。这种大型的实验教学，每学期只能安排几次。比如第一年，先把本市的四位省“教坛新星”推上讲台，让他们首先运用点拨法进行教学实验，发挥带头和示范作用，推动实验的全面开展。1997 年以后，又先后安排 18 位成员承担市级语文点拨教学实验课教学任务，把这种大型公开教学由市区扩展延伸到三个县，组织课题组成员分别到芜湖县和繁昌县等地观摩点拨教学实验课，他们收获不小。二是课题组成员未能在市级安排公开教学任务的，要求他们各自选定课题，安排时间，在本校举办点拨教学实验课，邀请本校语文组老师和学校分管领导参加听课、评课，提出改进意见。这样便使每个课题组成员都有机会进行点拨教学实验课的试教，结合试教进行研究与总结，撰写教学论文，完成规定的“四个一”任务。

这种公开教学，不仅组织大家听课，而且课后立即召开课题组全体成员会议。首先请执教者说课，执教者向大家阐明自己的教学意图与教学设想，说明自己是怎样安排点拨的，为什么做如此安排，以及自己在教学实践之后的心得体会；其次请大家发表意见，进行评议，并围绕点拨教学问题展开讨论，研究问题，总结经验，提出改进意见；最后总结点拨教学经验，撰写点拨教学论文，进一步提高自己的教学与理论水平。

在课题实验开展过程中，我每次都深入课堂参加听课，而且在集体说课、评课时认真听取大家的发言，最后就听课和评课发表自己的意见，从理论与实践的结合上提出问题，展开分析，尽量提出指导性意见。当时我虽已年过花甲，但一直坚持参加听课、评课（包括去三县听课、评课和做专题报告），还帮助执教老师备课、修改方案、听取试教，提出指导意见，调动了大家做课、说课、评课和研究的积极性。

为了给课题组成员提供论文发表和交流的园地，芜湖市教科所于1997年元月创办《芜湖教育科研——语文点拨教学实验研究专辑》，每月出刊一期。其中除了包含有关点拨教学实验信息，还收录点拨论文、评课实录、点拨教案、教学设计、实验小结等文稿80余篇。这些文稿刊出前都经过我审阅、修改、定稿，具有一定的质量；每期印出后，都及时报送市教委、省教科所、全国中语会，并寄发有关语文刊物，供他们选用。这些文章之后在多家杂志刊出，如《语文教学通讯》《中学语文教学参考》《中学语文教学》《学语文》《中学语文》等，在全国产生了广泛影响。其中，《中学语文教学参考》杂志从1998年第1期开始，给课题实验开辟《语文点拨教学实验研究》专栏，每期发稿一万字，刊登两三篇点拨教学的实验研究文章，到1999年，共发表论文30多篇，近20万字。这些文章都是经过我审定后推荐纳入专栏发表的，论文质量均较高。

为了对语文点拨教学实验研究进行中期总结汇报，1998年暑期，全国中语会点拨教学研究中心、安徽省教育科学研究所、芜湖市教委在芜湖市召开了“语文点拨教学实验研究”课题评审推广暨学术报告会。会上除专家做报告外，还有四位课题组成员上点拨教学公开课，并进行点拨教学论文和点拨教学设计的评奖和交流，评出一、二、三等奖的论文和教学设计共计70余篇，并分别颁发获奖证书。

徐：这次课题结题情况如何？

蔡：这里提供一份当时课题评审组的审核意见。

“语文点拨教学实验研究”课题专家评审组意见

1999年8月16日至20日，由中国教育学会中学语文教学专业委员会（以下简称“全国中语会”）点拨教学研究中心、安徽省教育科学研究所、芜湖市教委共同举办的“语文点拨教学实验研究”课题评审推广暨学术报告会在安徽省芜湖市隆重召开。会上，专家组对安徽省教育科学研究“九五”规划重点课题“语文点拨教学实验研究”进行了鉴定。

专家组认为，语文点拨教学法不只是一种教学方法与技巧，也是一种教学论与教学过程，更是一种教学思想与教学观念。课题研究站在时代的高度，通过大量的课堂实验与理论探索，对语文点拨教学法进行了认真的实验，可贵的探索，将点拨教学提高到一个新的层面。专家组指出，点拨教学是对中国传统的“启发式”教育思想的继承，又吸纳了现代教育科学理论，较好地处理了继承与创新的关系。点拨教学初步革除了传统课堂教学中单向灌输知识的“满堂灌”弊端，确立了学生学习的主体地位，体现了学科教育的民主思想。点拨教学提高了课堂教学效率，是实施素质教育的优化选择，是培养学生创新精神和实践能力的良好途径。点拨教学还大大激发了教师的创新精神。该课题研究计划周到，安排具体，措施得力，实验效果良好，成绩突出，成果丰硕，是一项成功的实验。它不仅具有较高的学术理论价值，更具有深化教改的重要的实践意义，在理论与实践的结合上取得了明显的成效，值得在语文及其他人文学科中广泛推广。

专家评审组成员：

张鸿苓（全国中语会理事长、北京师范大学教授）

陈金明（全国中语会秘书长、首都师范大学教授、《中学语文教学》副主编）

桑建中（全国中语会教学改革研究中心主任、《语文教学通讯》主编）

倪三好（安徽师范大学副教授、安徽师范大学中文系语文教学法研究室主任）

宋良文（安徽省教育科学研究所理论研究室主任、《安徽教育科研》副主编、高级教师）

杨桦（安徽省教育科学研究所文科室主任、高级教师）

傅继业（安徽省教育科学研究所综合室主任、高级教师）

后来，这次点拨法课题的结题总结获得了安徽省教育论文一等奖。

喜捧“终身成就奖”

徐：蔡老师，我知道您是全国中语会“中学语文终身成就奖”获得者，请您简单介绍这次评选情况。

蔡：2009 年，为庆祝全国中语会成立 30 周年，全国中语会制订了“中学语文终身成就奖”评选条件，最终评选出了 21 人，分别是于漪、申士昌、刘国正、庄文中、吴心田、张传宗、张良杰、张定远、张富、陈日亮、陈金明、陈钟梁、周韫玉、欧阳代娜、洪宗礼、洪镇涛、钱梦龙、陶本一、章熊、蔡澄清、潘仲茗等。

2010 年 4 月 12 日，庆祝中国教育学会中学语文教学专业委员会成立 30 周年座谈会暨“中学语文终身成就奖”颁奖大会在北京召开。我当时因为身体欠佳，没有赴京出席会议，成为一大憾事。遗憾的倒不是不能亲自领奖，而是我们这些老人碰面的机会越来越少了。

以下是全国中语会成立三十周年“中学语文终身成就奖”的颁奖词：

穿过岁月的时空，历经改革开放，您始终站在语文教改的潮头，从容前行。六十余载，您见证新中国语文教育的历史；三十华诞，您奉上累累硕果惠及语文教育，培育莘莘学子。

有言道：智者乐，仁者寿。您像青松，傲霜斗雪，经冬不凋；您似白鹤，修道述道，高洁清雅。您用苍苍白发，昭示着个体对人生的理解，用辛勤的耕耘，不懈的求索，解读并阐释着语文教育的真谛。

回忆往昔，畅想未来，细数语文天空上的点点明星，我们感慨万千。中国的语文教育，迈过蹒跚的脚步，走过曲折的道路；中语专委会，从诞生、发展到如今，匆匆间已到了而立之年。在语文教育的路上，在中语会成长的路上，你们，这些老一辈的语文人，播撒、浇灌、培育、呵护，期待着语文教育成为参天大树，期待着母语教学终结善果。

悠悠岁月情，白发童心，见证前辈多贡献

漫漫语文路，人文工具，携手后进共攀登

三十年了，请接受我们深深的敬意和衷心的感谢！

2010 年 4 月 12 日

在这里，且以我 1999 年 12 月退休离岗走下杏坛时所戏撰的一段“自述人生”联语来表达我的心声：

学海无涯，教海亦无涯，为莘莘学子，守黄卷青灯，练白纸黑字，默默钻研，孜孜求索，奋斗四十余年，历经艰辛，屡遭磨难，真吃遍此中酸苦。

空间有限，时间更有限，育辈辈英才，忙春种夏播，披秋雨冬霜，月月浇灌，岁岁耕耘，拼搏一万多天，终见成效，喜获丰收，方尝到这里甘甜。

这段联语所说的，就是我个人的经历，也是我的个人体验，亦即我走语文点拨教学之路、走语文创新教改之路的苦乐年华。作为一名平凡的中学语文教师，受此殊荣，我还想以之前我撰写的庆祝教师节的联语来表达我的心声：

愿永远当名小园丁，在教育苗圃里浇灌。为人师表，求赤胆忠心，德才兼备。

乐终身做头老黄牛，于学校沃土上耕耘。育民子弟，争鞠躬尽瘁，品艺双馨。

强调一句，全国中语会成立已有四十一年了。这四十一年来，全国中语会与我国改革开放同步，与时代发展并进，取得了很大的成就。我的教育教学与教改实验的每一步进展，都与它息息相关。再次感谢全国中语会的大力支持！

延迟退休五年

徐：您延迟五年退休，请具体谈谈当时的情况。

蔡：1994 年，我在芜湖一中已整整工作了 40 个春秋，且已年满花甲，理应退休。上级组织让我延长五年再退休，继续在校长室工作。我深为感激，亦深感荣幸。尽管我已年迈体衰，身患多种疾病，但“士为知己者死”，滴水之恩，当涌泉相报，于是我老骥伏枥，“小车不倒只管推”，继续走自己的路。

徐：这五年间，您做了哪些工作？

蔡：这时，上级领导鉴于我年事已高，患有高血压、冠心病等疾病，于是让我分管教改实验、教育科研和培养青年教师三项工作。

在教改实验方面，我主要是对全校的教改实验进行规划与指导。我积极推进学校整体课程结构改革，制定“开设选修课，实行学分制”的改革方案，并逐步指导实施。这项改革在全省示范中学里是走在前列的，也发挥了重点中学的示范与实验作用，受到各级领导与兄弟学校的好评。我还参与指导省、市、县三级教改实验，到市区各校及芜湖县、繁昌县等地听点拨教学实验课，参加评课，具体指导教学。

在教育科研方面，我一直强调重点中学要加强教育科研，必须一手抓常规教学，一手抓教育科研，以科研带教研，以教研促科研，认真贯彻落实“科研兴教”的精神。这五年来，教科室的工作得到进一步加强，我在推进学校教改实验和组织课题研究、指导教师撰写教学论文等方面做出了一些成绩，尤其是在开展省级重点课题“语文点拨教学实验研究”期间，成效卓著。

就培养青年教师这项工作来说，建设一支高水平、高素质的教师队伍，是办好示范中学的关键。培养和提高教师业务素养的基本途径，一靠业务学习，二靠教学实践，三靠教育科研。在这个思想指导下，我们多年来一直注重开展教育科研，以达到提高教师素质、提高教学质量的目的。

考虑到培养青年教师是一项长期的战略任务，从1994年起，我们采用学校教科室聘请兼职研究员的形式，在全校35岁以下的青年教师中聘请了24名兼职教研员，定期组织他们学习、交流，开展教育科研工作。我们要求每一位兼职教研员在教科室的组织领导下，每学年完成如下具体任务：围绕提高课堂45分钟教学质量，承担一项教改实验任务，课题自选；围绕加强素质教育，开展一项教育理论研究，内容自定；围绕发展和创立个人教学特长，确定一项业务进修内容，内容自定；在完成上述三项任务的基础上，结合自己的教改实践与自学研究，撰写一篇教育教学论文，理论探讨与经验总结均可。学校围绕上述要求，每学年进行一次汇报交流和论文评比，对优秀者进行奖励。

1996年起，我主持并组织“芜湖一中青年教师培养工程”计划，实施了多年，参加青年教师的备课，听他们的公开课，给他们评课，指导他们撰写教学论文并推荐发表。期间，我在《中学语文教学参考》开设《点拨法教学》专栏一年多，每期审订、荐发两三篇青年教师撰写的论文。我还推荐了一批外地外校的优秀教师，经市人事和教育主管部门批准，他们正式调入芜湖一中工作，如罗智全、孔立新等。我在兼任芜湖市青年教师讲习所所长期间，培训了五期学员，不少青年教师已实现专业化成长。

1996年，我根据“学生素质综合考评”实验，为学校设计制定《学生素质综合考评手册》，学生人手一册。每学期运用学生自评、小组互评、教师参评、班主任主评、学校审核的考评办法，进行一次综合考评，考评结果记入《学生素质综合考评手册》，建立学生考评档案，取代当时使用的“学生学习成绩报告单”。每学期考评结果会向家长报告。结合考评，学校制定相应的奖励办法，设立综合奖与单项奖，对学生实行分等级奖励和表彰，以鼓励学生全面发展，提高素质。这项实验有利于加强德育，提高学生的综合素质，也是对我校操行评语实验的继承、发展与创新。

1991—1998年，我应芜湖市教委邀约，主持组织市内几位教师编写了《师德修养讲话》一书，作为乡土教材印发给全市各校教师自学阅读，教师人手一册。另外，我还约请本校几位教师撰写《“一史三风”教育读本》校本教材，印发给全校师生，人手一册，供他们阅读，并适当插入教师讲读，让全校学生接受传统校史教育，提高学生的综合素质。

所谓“一史三风”，是芜湖一中开展的“一史三风”教育的实验。芜湖一中是一所历史悠久的学校，有着光荣的传统，也形成了优良的校风、教风和学风。经过长期的实践和积累，我们把校风明确概括为“理想、勤奋、朴素、文明，尊师、守纪、敬业、乐群”十六个字，把教风概括为“严格、扎实、求活、创新”，把学风概括为“勤思、好学、刻苦、求真”。多年来，我们一直把其作为对学生进行思想品德教育的内容，但还不够系统化。为了加强教育，我们决定把“一史三风”教育纳入学校的德育体系，组织力量，编写一本《“一史三风”教育读本》作为德育补充教材，有计划、有步骤地结合到思想品德教育活动中去，对学生进行系统教育。这种教育具有芜湖一中的个性与特色，也具有德育的共性，它是社会主义核心价值观等共性教育的补充和具体化，通过多种多样的形式生动活泼地展开，收到了很好的效果。

五年中，我先后出版了《语文教学点拨艺术丛谈》《教会你观察作文》《蔡澄清中学语文点拨教学法》三本著作。在“开设选修课，实行学分制”这项改革中，我主持设计了20多门选修课，在全校逐一开展实施。仅语文学科，就陆续开设过“观察与作文”“文学创作与欣赏”“古典文学作品选读”“语言与逻辑”等选修课。我也任教一门古典文学选修课。

徐：“老骥伏枥，志在千里。”校本教材再加上选修课程等，是点拨法发展的新亮点。有人认为那些年也是点拨实验研究发展的鼎盛时期，您是如何看的？

蔡：结合前面提到点拨法的方法论、思想论与价值论来看，我的确在校本课程开发与探索上做了一些实践工作。

那几年，除了组织上给我的分工，我一方面继续进行点拨法教学实验与课题研究，另一方面继续完善点拨法理论体系。

之前，我总结提出了“积累—思考—表达”语文能力训练三部曲理论，那个时期最重要的是初步建立并阐明了点拨教学法的科学理论体系，接着我构建了中学语文教学的“点拨—创新”教学模式。

“中学语文点拨教学法”“语文能力训练三部曲”和“点拨—创新”模式，是我试图建立有中国特色的中学语文教学理论体系的教学改革与教科研成果，也可以说是我在语文教学上走改革创新之路的重要实绩。尽管当时科学理论系统还不完全成熟，但为今后的开拓与发展奠定了基础。

讲习所里春风漾

徐：芜湖市青年教师中学语文讲习所的成立被誉为教师培训工作的一个创举，请简要介绍成立初衷与活动情况。

蔡：芜湖市青年教师中学语文讲习所在国家有关部门开展“校本培训”继续教育和“国培计划”之前就成立了，被青年教师誉为心中的“黄埔”，讲习所成立被称为“安徽教育师训创举”的一个重要工程。

20 世纪 80 年代，鉴于学校师资断层现象很严重，改革开放初期教学改革任务艰巨，教改实验急需大量青年教师来实施。如何促进青年教师快速成长？如何提升教育教学业务水平，为全面提高教学质量服务？如何有效地把青年教师组织起来集中学习培训？针对这些问题，我和时任芜湖市教科所副所长的薛政民多次商量，决定成立芜湖市青年教师中学语文讲习所。

在芜湖市教育局的大力支持下，讲习所于 1988 年 9 月正式创办。我担任所长并授课；薛政民担任副所长，悉心操持各项具体事务；一批老教师和专家也付出了辛勤的劳动。

先确立活动目标与培训模式。既然是讲习所，当然有“讲”有“习”。讲，侧重于理论水平和业务修养的提高，聘请本市资深教师或学有专长的教师进行专题讲座；习，侧重于教学和教研实践的具体指导。在学习期间，所有学员都必须上观摩课，大家予以点评，学员至少撰写两篇教学论文，互相交流探讨。“讲习”是理论与实践相结合的具体形式，在青年教师成长中起到了催化剂的作用。

讲习所每一期为时两年左右，结束后再举行下一期。第一期的骨干教师和“种子”教师又对第二期起到示范作用，同时进行点拨教学教改实验。两期后，就可以滚动起来，形成一个有效的梯队。

第一期开始后，我邀请了全国著名特级教师魏书生、钱梦龙以及上海师大何以聪教授等到芜湖来为学员们讲学、上公开课，并带领学员们赴合肥、江苏南通、上海等地名校观摩、听课、研讨，又从于漪老师、范守纲先生（时任《语文学习》主编）、庄文中先生（人民教育出版社编审）等名家的观摩课与学术报告中，了解教学艺术和教改前沿动态，同时聘请了本市王厚灼、陈国魁、孟宪禹等名师举行讲座和上公开课，让大家从身边的名师中学得真经。

讲习所成功举办了五期，坚持开办了十余年。

徐：讲习所里参训老师们有何收获？

蔡：参训老师们很努力，很珍惜这样的机会。他们认为全国著名教师或本地的前辈名师体现了业务的专精，值得学习。这里的业务不仅指语文教学基本知识与技能，还体现在他们具有深厚的学养。外地名家且不必说，单就本市的几位授课名师来说，王厚灼老师对古文字颇有研究，陈国魁老师对古汉语修辞研究很深，孟宪禹老师对鲁迅作品（包括鲁迅旧体诗词）颇有独到见解并曾结集成一本专著，他们因深厚的学养而成为青年教师们的榜样。于漪、钱梦龙、魏书生这些知名专家、名师，更成为青年教师们心中的偶像。

我带领结业的参训老师们不断开展课堂教学研究与课题实践研究，而且广纳才俊，邀请安徽省以及外省市青年教师加入语文点拨教学实验研究队伍。许多参训老师把参与课题研究当作在讲习所的实习与拓展延伸，当作实实在在的岗位培训。

后来，参训老师中涌现出一大批省市级教坛新星、骨干教师、学科带头人，有的被评为特级教师，有的走上学校领导岗位或调任专职教研员，还有多人继续学习进修，获得教育硕士，少数人攻读博士学位，成为行家里手与教科研生力军。

管理、教课“双肩挑”

徐：您长期负责学校行政管理工作，请谈谈您在这方面的一些举措。

蔡：1979 年我担任学校教导处副主任，到 1999 年退休前，我一直担任学校行政职务。这期间，我更多地考虑推进全校的教育教学改革。

改革开放初期，学校刚恢复为省重点中学阶段，我致力于学校教育教学秩序的整顿，切实端正办学思想，主要是贯彻学校当时提出的“老三条”：（1）全面贯彻教育方针，德智体一起抓；（2）全面部署教学力量，高低年级一起抓；（3）全面关怀培养学生，好中差生一起抓。

1984 年出任副校长后，我及时补充提出了“新三条”：（1）全面执行教学计划，必修选修一起抓；（2）全面安排教学活动，课内课外一起抓；（3）全面提高教学质量，知识能力一起抓。我为此制订出实施方案，贯彻落实“新三条”，把全校教学改革向前推进了一大步，教学质量也有提高。

1990 年以后，由于形势发展和教改深化的需要，我代表学校提出了“又三条”：（1）教书与育人并重，大力加强德育；（2）升学与素质并重，狠抓提高素质；（3）继承与创新并举，创造办学特色。这在贯彻执行《中国教育改革和发展纲要》、深化教学改革、推进素质教育方面发挥了很好的作用。

在制定和贯彻上述九条教学改革方针的过程中，我一直注重实施和落实。如在教学指导工作上提出“课内面向全体，打好基础；课外因材施教，发挥特长”的指导方针，在毕业班工作上总结提出“抓早、抓细、抓严、抓实”八字要求，在高考复习指导工作中提出“依纲据本、抓点理线、分类指导、狠抓中差”十六字要求。这是我在多年教改实践基础上的经验总结与理论概括。

我一方面从事学校教育教学行政管理工作，另一方面深入一线课堂从事语文教育教学和科研工作，这就是通常所说的“双肩挑”。

徐：您一方面不断加强学校管理，另一方面深入课堂教学第一线，如何处理好“双肩挑”的矛盾？

蔡：我觉得有如下几点值得注意。

首先，要有所取舍。有取有舍，才是确保“双肩挑”两不误的前提。安庆有句俗语“撑高挑柴，两头失落”，说的就是不懂得取舍，就会像“撑高挑柴”那样，不能两头兼顾。如果不注意工作重心的取舍，不分主次，眉毛胡子一把抓，也许就会既没有尽到管理工作的职责，又耽误了一线教学工作。

其次，要有时间保证。一般情况下，为了不耽误学校本职工作，在上班时间内，除必须参加的会议与活动外，我尽量推掉可去可不去的任务，以确保有足够的时间参加学校教育教学行政管理工作。有时候出差开会而不得不换课与调课，我也尽量把影响降到最低。

学校规模越来越大，管理工作需要投入大量的时间和精力，我也从来没有提出过不带语文课，更不摆老资格去当所谓的“捧茶杯”“看报纸”“甩手”型领导。管理与教学，两手都要抓，两手都要硬。千万不可顾此失彼，尽量避免鱼与熊掌不可得兼的现象。愿意把时间花在学校里，舍得把时间花在课堂上，坚持深入课堂教学第一线，是我毕生最重要的事情、最幸福的事情，也是最无怨无悔的追求。

再次，要有效率意识。学习、生活与教育教学工作都要讲究效率，高效才能更好地完成任务。语文教学要减少“少、慢、差、费”，向课堂 45 分钟要效率，同样，学校教育教学管理工作更需要讲究效率，任何拖拉懒散、“踢皮球”的现象，都是低效率，浪费时间，是对工作极不负责任的态度，对事业极不忠诚的行为。科学管理出效益，只有科学调度，有效计划，统筹安排，化繁为简，齐抓共管，分工协作，才能提高办事效率。任何教育教学改革实验，其实都是为了求真务实，提高效率。学校行政管理工作是这样，语文课堂教学也是这样。我之所以长期开展教改实验，探索与创建点拨教学法，正是要想方设法提高语文课堂教学效率，切实提升教学质量。

最后，要坚持原则。任何事，“不以规矩，不能成方圆”，尤其是身处领导岗位，更要廉洁垂范。孔子曰：“其身正，不令而行；其身不正，虽令不从。”（《论语·子路》）著名教育家陶行知先生强调：“捧着一颗心来，不带半根草去。”我深知，如果不以身作则，不带头坚持原则，不廉洁自律，是难以起到表率作用的。有同学、亲戚、朋友找我，要求将其孩子调到他们倾向的班级，我一概拒绝，宁可得罪人也不开后门。

我体会到，只要具有强烈的使命感和责任心，用无私奉献的事业心和不为世俗名利所左右的平常心来对待管理工作，以百分百的热情来全身心投入一线课堂教学工作，就能正确处理好“双肩挑”的矛盾，做到两头兼顾，游刃有余。

第五章　点拨旗红花正艳

喜得教育名家题词

徐：您曾得到许多老一辈语文教育名家的题词与鼓励，请具体谈谈。

蔡：我得到多位老一辈语文教育家的题词，都是为了出版有关点拨法的专著。

著名语言学家、语文教育家吕叔湘先生为《全国语文特级教师教学经验选》一书题词：“语文教师应该既是精明的科学家，又是高超的艺术家。”

原国家教委副主任、教育部原总督学柳斌先生为《中学语文点拨教学法》题词：“优化语文教学过程，革新授受传习模式。”另外，柳斌先生为中央教科所“全国著名特级教师教学艺术与研究丛书”题词：“为我国中小学教学最优化而努力奋斗。”我的《蔡澄清中学语文点拨教学法》系列丛书第一辑，由山东教育出版社 1997 年出版。

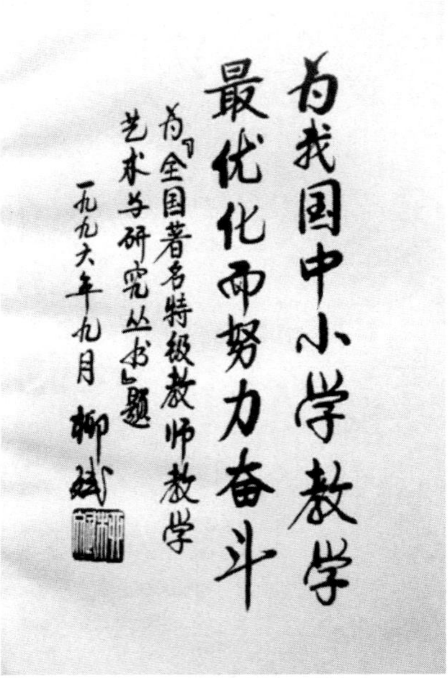

柳斌题词

人民教育出版社原副总编辑、语文教育家、诗人刘国正先生两次题词。第一次是为《全国语文特级教师教学经验选》一书题词："先进经验不仅是果实，而且是种子，后者是更可贵的。"第二次是为我与陈军主编的《语文点拨教学艺术初论》题词："实践的结晶，智慧的升华。"之后，《语文教学点拨艺术丛谈》出版时沿用该题词。

这些名家题词与序言墨宝，精辟深邃，言近旨远，为点拨法增光添彩，对我大力开展语文教学改革和实验探索给予了莫大鼓励，我真诚地表示感谢！

与刘国正的书来信往

徐：刘国正先生多次给您题赠墨宝，可见您二位的交情之深。

蔡：提起刘国正先生，说来话长啊。他第一次题词后，竟然出现了一点意外。

先说我和刘国正先生的相识情况。那是1980年11月，教育部和人民教育出版社在北京香山别墅召开全国中学语文教材改革研讨会，身为人教社中语室负责人的刘国正先生是大会主持人之一。他长期在人教社主持中学语文教材编写工作，学识渊博，经验丰富。他在会上做了精彩发言，他概括当时语文教改的形势是"乱花渐欲迷人眼，浅草才能没马蹄"，精确而又生动，给我留下了深刻的印象。

那次会议之后，我与刘国正先生的交往多了起来。1983年，全国中语会在北京召开第三次年会，我和安徽省教科所中语组负责人许振轩一道赴会，再次与刘国正先生见面。我们去刘国正先生家拜访，认识了其夫人李阿玲老师。在我们的交谈中，刘国正先生就当时的语文教学改革发表了许多精辟的意见，给了我很多教益。此后，我认真学习了他在安徽教育出版社出版的专著《语文教学谈》，以及他在报刊上发表的许多文章，逐步认识到刘先生在中学语文教育上的许多深刻见解，如关于“文与道”“读与写”“古与今”“课内与课外”“知识与能力”“实与活”“学与用”“继承与发展”“改革与创新”等。特别是他强调要在继承优秀传统的基础上改革创新，努力实现语文教学的民族化与科学化，创造有中国特色的语文教育理论体系与实践经验，努力实现语文教育现代化，给了我极大的启发，指引着我在探索和研究语文点拨教学法的道路上朝着正确的方向前进。

1984 年，我受安徽教育出版社的委托，主编一本传授中学语文特级教师先进教学经验的书，名为《全国语文特级教师教学经验选》(安徽教育出版社 1986 年出版)。这本书收录了全国各省市 34 名中学语文特级教师的 39 篇教学经验论文，是我国最早出版的语文特级教师的教学经验文集。

为了推广这些教学经验，扩大该书的宣传与影响，出版社让我约请名家题词。我不揣冒昧地分别给语文界的一代宗师吕叔湘先生和中学语文教材主编刘国正先生写信，约请他们拨冗为这本书题词，他们很快就将亲笔题词寄给了我。这是刘国正先生第一次给我题词。我及时把两份题词转给了出版社。可是，天有不测风云，经过一个暑假，由于出版社办公室搬家，文稿保存不慎，当该书正式发排后，主编才发现刘国正先生题词的原件不见了，四处寻找均未果。在无可奈何的情况下，出版社向我和刘国正先生表示歉意，并问我能否约请刘先生重新题写一次。我当时感到很为难，觉得好不容易才请到二位专家题词，现在却出现这样尴尬的局面，实在不应该。我怎么向刘先生交代呢？即使先生不责备，我也难以启齿叫他重写啊。但出版社催索再三，于是我给刘国正先生又写了一封信，如实说明原委，并自我检讨，恳请他能否再写一次，以便该书能按时出版。

此信一寄出，我即忐忑不安，可没几天就收到了刘国正先生重新写来的题词，我悬着的心终于放下。“先进经验不仅是果实，而且是种子，后者是更可贵的。”我捧读着国正先生重写的题词，深为感动和感激。先生身为名家，竟如此平易近人，没有一点架子，这是何等宽广的胸怀、何等纯真的情操、何等高尚的品格啊！

刘国正先生第二次题词是在1994年。我从教40年，年满花甲，弟子陈军想为我编印一本纪念文集《语文点拨教学艺术初论》，我再三推辞，他坚持自费印刷三百本，全部用以赠送师长亲友。书成之日，他请我出面约请刘国正先生为该书题词。我写信给刘国正先生，说明原委，请他再次给予支持。不久，刘国正先生给我寄来了亲笔题词“实践的结晶，智慧的升华”，还附给我一封简信。

澄清同志：

遵嘱题词，不知可意否？四十年辛苦不寻常，今结集问世，可喜可贺。高棣师生情深，亦见足下教导有方也。祝教安。

国正　五月十八日

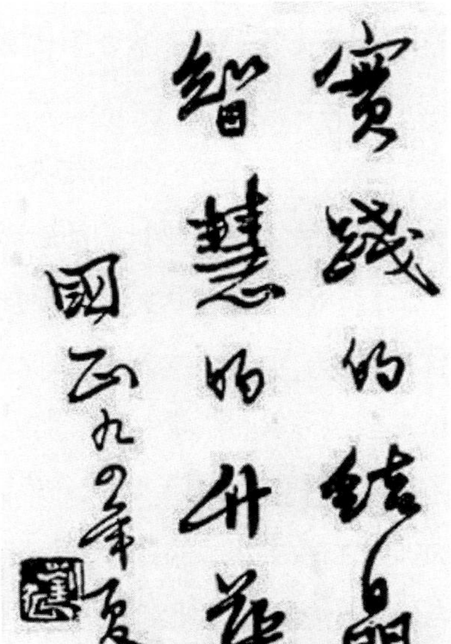

刘国正题词

读着先生的信与题词，我和陈军十分感动。两年后，天津人民出版社垂爱，以这本《语文点拨教学艺术初论》为蓝本，挑选辑录了部分文章，结集为《语文教学点拨艺术丛谈》一书，于 1996 年出版发行。《语文教学点拨艺术丛谈》一书沿用了刘国正先生的原题词，增色不少。1999 年，全国中语会天津年会上，刘国正先生力荐陈军任全国中语会常务理事。先生无私提携的美德，可谓“化作春泥更护花”啊。

观摩于漪作文课

徐：蔡老师，您把《于漪全集》出版首发式的报道、于漪老师荣获国家“改革先锋”光荣称号等信息及时分享给我。请谈谈您与于漪老师之间的交谊。

蔡：我第一次见到于漪老师，是 1979 年 12 月在上海召开的全国中语会成立大会上，当时我们都被选为理事，于老师还被理事会推选为副理事长。初次见面，我们交谈不多，但她的朴实、慈祥和谦逊给我留下了深刻印象。后来，我看了她的一些教学录像，对她纯熟的教学艺术和美好的教学形象油然而生敬意。

20 世纪 80 年代初，我分管学校文科并执教高中语文，出于对于漪老师师德和教学艺术的敬仰，我带领我校部分老师专程前往上海参观学习，与大家一起观摩了于漪老师上的作文课，学到了不少东西。

那堂课是作文评讲课。我原以为既然是“评讲”作文，那也许主要是“老师讲，学生听”，事实却不然，那堂课恰恰是“学生讲，老师听”。

于老师拿出三篇印发的学生作文组织、引导、点拨学生进行阅读、思考、分析和讨论，让学生们各抒己见，讲自己的领悟和看法。于老师只是在要害处画龙点睛，要言不烦地讲几句，主要是引导学生在写作实践的基础上，通过阅读和讨论三篇习作，领悟和理解写作规律，掌握写作方法和运用语言的技巧。

我清楚地记得，于老师在引导学生阅读、评价《秋色图》等三篇作文（是配合学习写景单元而写的）时，先提出了几个问题，让学生在阅读时思考：三篇作文各写了秋天的哪些景物？有什么特点？写法上有什么异同？是否写的都是眼前景物？都能在眼前展现画卷吗？学生们在认真阅读、思考后，就这些问题展开热烈讨论，课堂生动活泼。学生们结合阅读材料和自己的阅读体会，通过讨论和分析习作，深刻理解和领悟了写好这类文章的三个要点：一是“博采”——认真观察，广积材料；二是“约用”——精选典型，突出特点；三是“迁移”——学习课文，吸收运用。最后，于老师板书袁枚的诗句“着意原资妙选材”，画龙点睛，小结并突出了这堂作文评讲课的主旨。

徐：您带领老师们观摩于漪老师上的精彩作文课，有什么样的体会？

蔡：于漪老师整堂课构建得体，妙手天成，充分展示了高超的教学艺术，彰显了深厚的教学功力。于老师在 20 世纪 80 年代初就能够这样教书育人，令人耳目一新，这是多么难能可贵啊！她为我们做出了教改示范。

于漪老师原先教历史课而后改教语文课，她却能把语文课教得如此成功，已臻化境，这完全来自她对教书育人事业的忠诚，来自她孜孜不倦地学习、兢兢业业地钻研和迎战困难的艰苦磨炼，更来自她勇于改革和创新的精神。

这堂课，我听得认真，看得仔细，由注重听“讲”而转为看“教”，印象极深，受益良多。有人说，听于漪老师授课是一种艺术享受。数十年过去了，我对于漪老师的这堂课记忆犹新。后来，我拜读了于漪老师的许多著作，领悟了她的许多精辟论述，诸如她强调语文教学的综合效应，强调语文教学要以语言和思维训练为核心，强调工具性与人文性的统一，等等，我都深表敬意和赞同。

此外，我和于老师在全国中语会年会期间还见过几次面，也为约稿等事宜有过书信来往，但具体交往和交谈依然不太多。不过，她在书信中对我的身体提出很多保养意见，尤其指出我一定不要操劳过度，更不能熬夜，需要静心养肺，保重身体。她这么惦记我的身体健康，真的令我无比感动。于漪老师比我大五岁，其实是我应该多关心她的身体健康才是啊。

还有一件事情使我深为感动，那就是于老师对青年教师的关怀、爱护和扶持。陈军在安庆师范学校工作时，我曾嘱他多向于漪老师学习请教，他也这样做了，并多次得到于老师的关怀；陈军调往上海工作后，更得到了于老师多方面的教诲和帮助。尽管于老师年迈体衰、身体有恙，但还是对陈军关怀有加。陈军多次写信告诉我这些，我亦为此多次向于老师函致谢意。2016 年陈军把他的新著《〈论语〉教育思想今绎》寄赠给我，我又读到于漪老师所写的荐评，她对青年人的扶持关爱与对他们学术追求的褒扬，更是溢于言表，感人肺腑。

2018 年，90 岁高龄的于漪老师荣获改革开放 40 年“改革先锋”表彰，而且她是全国基础教育的唯一代表，这是党和国家授予她的最高荣誉，可喜可贺！上海市为《于漪全集》的出版发行召开首发式，还召开了“人民教育家于漪教育思想研讨会”，来自全国各地的专家学者济济一堂，学习宣传于漪老师的教育思想。其中，复旦大学特聘教授、博士生导师张汝伦在《于漪教育思想的人文主义教育理念》主旨报告里说：“我国优秀的教师有不少，既是优秀教师又堪称教育家者则凤毛麟角。盖教育家者，不仅要有长期的教学实践和教学管理的经验，更要有自己的教育理念，或者说教育哲学，并能够把自己的教育理念贯彻到他所从事的一切教育工作中，并且形成系统的思想。于漪就是这样难得的优秀教师兼教育家。”这个评价十分中肯。

2018 年 12 月，于漪老师给青年教师颁奖（左六：于漪）

于漪老师一直称自己是一个“草根”教师，她毕生的座右铭是“做一辈子老师，一辈子学做老师”。她一辈子精神饱满，一辈子表里如一，一辈子身先士卒，为新中国的语文教育事业奉献了毕生精力，是我们的楷模。我衷心地祝愿她永葆青春，健康幸福！

与张孝纯谈“大语文教育”

徐：20 世纪 80 年代初，“大语文教育”观一度风行，请谈谈您的认识。

蔡：20 世纪 80 年代，张孝纯先生提出“大语文教育”的主张，我是比较清楚的。我在全国中语会上听过他的报告，并且我们是老朋友，私下里也曾多次交谈这个话题。我是“大语文教育”的积极支持者，很赞同他的看法。

他当年在河北省邢台八中搞“大语文教育”教改实验，积累了很多经验，也取得了很好的效果。张先生是一个学识和修养都很高的老教师，他生前为实现这个主张大声疾呼，也有不少同志响应，可惜尚未大面积推开，其宝贵经验未能广泛地传播。但是，由于这个主张是正确的、积极的，经得起实践的检验，所以，随着时代的发展和教改的深入，越来越多的人认识到，学语文光靠 45 分钟的课堂教学是不够的，而必须辅以课堂以外的语文学习活动，这样才能高效地促进学生语文能力的形成和发展。也正因为如此，语文教学大纲中正式提出了开设“语文活动课”的要求，《义务教育语文课程标准》(2011 年版）提出了“综合性学习与实践”的要求。这都是十分必要的，这就是在具体倡导和实践“大语文教育”的主张。

张孝纯先生曾与我谈及“大语文教育”的内涵与主张。他说，语文教学当然还是以课堂教学为主渠道，课堂教学是主要组织形式，但是，这远远不够，无法适应强化基础、发展能力、提高效率的现代化教学需要，因此必须做进一步的改革。他主张将语文教学的组织形式改为“大语文”的“一体两翼”。所谓“一体”，指的是语文课堂教学这个主体；所谓“两翼”，分别指语文学习环境和语文课外活动。他认为，“大语文教育”着眼于人的素质的全面提高，着眼于语文能力的实际培养和锻炼，因此，这种教育应当由“一体两翼”构成，要求语文教师既搞好课堂教学，又创设语文教学环境，开展语文课外活动，以求共生效应，提高质量。我觉得这是完全正确的。遗憾的是，当前很多语文教师都忙于应付考试，只专注于课堂，而忽视了课外，这也是我们语文教学“少、慢、差、费”的一个重要原因。

大家都知道，目前我们的学校是实行班级授课制，它的局限性在于不利于开拓学生的学习空间，不利于发展学生的个性，因而需要有课堂外的拓展和补充，特别是语文课是一门基础工具课，它的特点就是要加强实践，接受训练，形成能力。听、说、读、写的训练，不应局限于在语文课堂进行，更应在课外拓展广阔的天地。学生不管在学校、在家庭、在社会，随时随地都会遇到听、说、读、写活动，随时都可以学习语文。生活处处是语文，应该说，社会就是一个学习语文的大课堂。我们应该引导学生既在学校的小课堂里学习语文，也在社会大课堂中学习语文。这正是语文学科的性质和规律所呈现出来的一个特点。

应该说，实行“大语文教育”并不难，我们很多语文教师在这方面已经积累了不少实践经验。在创设语文学习环境和开展语文课外活动上，语文教师是完全可以大有作为的。关键在于我们要引起重视，更新观念，把“一体两翼”全都重视起来，采取具体措施，使之真正落实。至于如何在搞好课堂教学的同时创设学习语文的良好环境，广泛开展多种多样的课外语文活动，每位老师都有自己的办法。张孝纯老师的弟子、特级教师张国生老师，在“大语文教育”传承中做出了不少努力。

总之，我支持并倡导实行“大语文教育”，也赞同开设“语文活动课”，开展“综合性学习实践”，后者是对前者的贯彻和落实。我认为这是我们进一步深化语文教学改革的一个重要方面，它有利于提高语文教育教学的质量，有利于改变语文教学“少、慢、差、费”的状况。我希望大家继续为此不断努力。

向钱梦龙学习“导读法”

徐：钱梦龙老师到全国各地上过几十节《愚公移山》公开课，他越上越出新，越上越精彩。请您谈谈钱老师是怎样到安徽芜湖来上这一课的。

蔡：20 世纪 80 年代，钱梦龙和魏书生已是全国闻名的特级教师，有“南钱北魏”之盛誉。钱老师创立的“导读法”在全国享有盛誉。1988 年下半年，我邀请魏老师来芜湖讲学，不久又邀请钱老师来芜湖讲学、上课，十分难得。

当时，我担任芜湖市青年语文教师讲习所所长，请钱老师来，是为了学习他的“导读法”，不但我自己学，而且引导安徽的语文教师们学，特别是让广大青年语文教师以钱老师为榜样，勇于改革，努力创新，提高自己的业务素质和教学水平，推进语文教改。

钱梦龙老师来芜湖后，做了一场题为“我的语文教学观”的学术报告，又上了一堂公开示范课，上的是他常教常新的代表课《愚公移山》。

钱老师在报告中既介绍了他的教学实践经历，也阐述了他的“导读法”理论，内容丰富，生动具体，大家深受教益。他教的课体现了他的“三主”思想，课堂生动活泼。他幽默风趣，挥洒自如，其教学机智和大家风范令听课的老师们交口称赞。

钱老师比我年长三岁，学识功底比我深厚，教学经验比我丰富。他于 20 世纪 80 年代初总结提出的“三主四式导读法”，给了我很大的启迪，于是我开始向他学习。这种学习，除了上面所说的听课，比较具体的还有以下两次。

第一次是 1984 年，当时我受安徽教育出版社的委托，主编《全国语文特级教师教学经验选》一书，我写信向钱老师约稿（他当时在上海嘉定二中任教），他很快给我寄来了《抓住课堂教学改革的牛鼻子》和《“不教”之境是可以达到的》两篇文章。在这两篇文章中，他阐明了他主张的“教师主导、学生主体、训练主线”和“自读、教读、复读、练习”的“三主四式导读法”教学思想。我把这两篇文章都收入书中。出版前，我特约钱老师为该书题写书名，他欣然应允，立即题签。钱老师不但书法好，古诗也写得好，后来，他惠赠我几幅他自己创作并书写的条屏，其中之一为七绝：

偶来拾贝海之湄，沙上留痕似雪泥。
少得终缘涉水浅，碧波深处有珍奇。

另一幅为七律：

钱塘西去趋东海，临眺谁吟哲理诗。
负雪苍松迎曙早，经冬病柳入春迟。

镜中白发三千丈，眼底红英十万枝。
欲谢虚名还故我，碧天帆影引遐思。

钱老师所作堪称诗书双绝，我挂在书斋里，经常吟咏品赏。

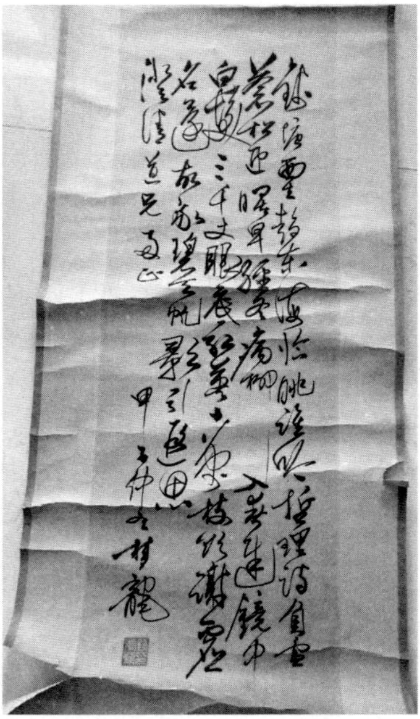

钱梦龙赠予蔡澄清的书法条屏

第二次是 1987 年秋天，全国中语会在广州召开第四次学术年会，我和钱梦龙老师又见面了，而且住在一个房间。这次，我们接触交流自然就比较多了。我在这次年会上提交了论文《重在点拨》，其中谈到“点拨法”与“导读法”的关系，我为此专门向钱老师请教。钱老师问我：“‘点拨法’与‘导读法’有什么不同？”我说：“‘点拨法’向‘导读法’学习了不少东西，吸取了‘导读法’的许多理论精华和某些实践经验，在重视教师引导和发挥学生主体作用方面，在贯彻启发式教学原则上，两种方法基本上是相同的，但在教学的适用范围和具体教学的操作方式上则有些差异。”钱老师听后，也发表了自己的看法，还谈了他的“导读法”的许多独特之处，让我深受启发。这次求教和讨论，我们各抒己见，畅所欲言，更增进了友谊。这种学人之间的坦诚交流切磋，我至今印象深刻，难以忘怀。

徐：蔡老师，您刚才提到了“导读法”与“点拨法”的异同，没有详细展开，现在能否补充谈谈？

蔡：我与钱老师交谊很深，我很尊敬他。关于主导与主体说，我在以前相关文章中已谈过我的看法，作为学术争鸣，我想“百花齐放”，再略陈己见，供大家指正。

学生是“学”的主体，教师是“教”的主体，两个主体都应发挥作用。教师的主体作用就是点拨与引导，这是一种教学活动与行为；学生是学习的主体，他们的学习也是一种活动，是在教师的点拨与引导下的活动。二者不可或缺，只不过教与学的活动有一个时间的变化，发展过程也有不同。随着教学活动与矛盾的主要方面和次要方面的推移与转化，时间长短不一，在一般情况下，教师的引导时间要短一些，学生的学习和活动时间要长一些，并非均等划分。这要根据实际情况因材施教，因势利导，开展双边活动。这是哲学的辩证法。

福建师大孙绍振教授认为，主体性就是主观性，也就是主动性，是被动状态的解脱；主体性是富有个性的、不拘一格的、与众不同的、不可重复的，任何教师如果离开学生的主体心理的主动性，不把学生从被动心理状态中解脱出来，不能有效地挑战学生本初的心理的结构，使之产生个性化的调节和建构，那么一切都免不了落空。他说：“正是从这个意义上来说，满堂灌的教学方式没有让学生摆脱被动的接受状态，只能是水浇鸭背。为了强调这一点，《义务教育语文课程标准》（2011年版）正面突出了学生的主体性，也就是主动性、个性、不可重复的创造性。”他还强调：“教师的主体性，不论在理论上，还是在实践上，都是不可回避的。”针对新课标中有关教师为“首席”的观点，孙教授说：“教师‘首席’论的实质，是回避教师的主体性，也就是抹杀教师的主动性和奋发有为的个性。”该文中，他对新课标进行有关“主体”“首席”概念的论述后，呼吁“应该理直气壮地、大声地提出教师的主体性”[①]。现在看来，孙绍振教授的论证分析是合理而正确的，没有概念上的转移与变化。

师友兼修怀章熊

徐：您的专著《积累·思考·表达》的出版与章熊先生有直接关系，您能介绍一下其中的原委吗？

蔡：章熊先生是著名语文教育家，也是全国中语会的创建人之一。他毕生从事中学语文教改课程、教材与考试研究，曾主持教育部高考语文考试命题与审核工作长达20余年。

章熊先生在中学语文教师中外语水平算很好的。他曾翻译美国威廉·W. 韦斯特的《提高写作技能》（福建教育出版社，1984年版）一书，

① 孙绍振：《文本分析的“还原”和教师的主体性问题（下）》，《福建论坛（社科教育版）》2005年第7—8期。

该书成为引进外国中学作文教学研究成果的第一本译作。章熊先生的学术视野很宽广，当时他对写作教学改革实践与理论很有研究，他创作出版的著作中有多本涉及此类内容，他是这方面的资深专家。我们的交流话题由此越来越多，我们也越来越畅所欲言。

我的《积累·思考·表达》一书 1990 年由语文出版社出版，这本书的写作与出版的确与章熊先生有密切关系。

1981 年第二届全国中语会福州年会上，我提交了论文《积累·思考·表达——写作能力培养三题》，在大会上做了正式发言，该论文后收入正式出版的年会论文集中。后来，作为全国中语会学术领导人之一的章熊先生（时任北大附中副校长）代表语文出版社社长李行健先生（语言学专家，主编《现代汉语规范词典》等书）向我约稿。他建议我以提交的大会论文为基本内容，进一步扩充完善，完成一本作文教学专著。

我立即拟出编写纲目，并提供我和周凤生老师共同执教的教改实验班学生写的作文，及其他一些学生的作文作为具体例文材料，由我邀约青年教师陈军执笔写成初稿，而后经我修改成正稿，并请章熊先生作编审。章熊先生多次写信，提出修改意见，关注写作进度。我和章熊先生合作写成《序言》，终稿完成后交语文出版社正式出版。此书于 1986 年约稿，经反复修改，直到 1990 年正式出版，历时 4 年。

陈军当时才 20 多岁，此书是我和陈军第一次合作编著的学术专著，也是我在点拨法创建后，第一次提出"语文能力训练发展三部曲"语文教学理论体系的一本书。章熊先生长我三岁，我以"章兄"称之。他对陈军也十分看好，称陈军为我的"大弟子"，他在《"我们"和中语会》①

① 中国教育学会中学语文教学专业委员会:《我和中语会》，人民教育出版社，2018 年 8 月。

一文中也如此称呼。

徐：此书的写作与出版正好处于点拨法创建前后，它在点拨法的发展进程中及作文系列图书的创作中有何作用？

蔡：这本书的确是在点拨法创建前后的过程中产生的，因而颇有戏剧性。最初写作时，点拨法很大程度上处于萌芽、梳理阶段；书稿写作时，正是点拨法的实验与探索期；书出版后，则是点拨法不断完善的提升期。“积累—思考—表达”写作训练三部曲，为后来“积累—思考—表达”语文能力训练发展三部曲奠定了基础，后来我进而提出“点拨—训练—创新”语文能力训练三部曲。这几次“三部曲”的演变，逐渐丰富了中学语文点拨教学法的理论体系，因此，这本书堪称后来几本有关中学语文教学点拨法图书的前奏，也体现了后来一系列点拨作文图书的原初理念。

章熊先生与我交往几十年，我们友谊深厚。我们自全国中语会成立之日开始结缘为挚友，直至历届中语会年会晤面深谈，四十年来记忆犹新。章熊先生还曾寄赠他的多本著作和书写的条屏给我。他赠我的条屏写的是宋代陆游的《戏作治生绝句》：

治生何用学陶朱，少许能悭便有余。
措酒已停晨服药，省油仍废夜观书。

并题“澄清兄正”，书法俊逸，苍劲有力。我将其装裱悬挂在书斋里，赏析领悟。

2019 年 1 月 21 日，惊悉老友章熊驾鹤西归，享年 88 岁，深为痛惜，遥致哀悼，永寄哀思！2019 年 1 月 22 日晨，我于芜湖市三山区碧桂园草成悼亡七绝诗一首，遥寄哀思如下：

遥悼章熊兄

师友兼修四十年，人间幸得此奇缘。

京城噩耗传来急，遥望西天泪不干！

与陶本一的神交

徐：蔡老师，您说过“与《语文教学通讯》交往了 40 多年，也就是与陶本一先生交往了 40 多年”，请谈谈您与陶先生的交往。

蔡：的确如此，我至今已与《语文教学通讯》交往了 40 多年，也就是与陶本一先生交往了 40 多年。

1979 年年底，全国中语会成立大会在上海召开，我作为安徽代表参会，陶本一先生作为全国性语文报刊社的代表参会。大概是他知道当年我的《鲁迅作品教学浅谈》一书的出版，就在会议间隙问及此事，并约我为他主编的《语文教学通讯》写稿。会后，我立即为该刊撰写了关于《鸿门宴》教学的长文，之后也陆续在该刊发表一些语文教学文章。因此，我对陶本一先生心存感激之情。

1982 年，陶本一先生决定把我作为《语文教学通讯》“封面人物”加以推介，并刊发了我专门写的《重在点拨》一文。该文发表后，即被4月9日的《光明日报》摘要转载，因而点拨教学被广泛地传播开来，在全国产生了一定影响。

后来，我一直和陶先生保持联系，在该刊陆续发表一些有关点拨法的论文，也和该刊继任主编保持联系。陶先生后来出任山西师范大学校长，也当选为全国中语会的领导人之一，并引领《语文教学通讯》成为全国中语会会刊之一，成为中国语文教育教学研究的领跑者，为当代中国语文教坛扶持和培养了大量青年名师。

我曾建议陶本一先生在《语文报》和《语文教学通讯》的基础上把语文报社发展成为一家"语文教学出版社"，并出版一套"当代语文教改成果丛书"。陶先生在1991年给我的信中说："您的建议甚是，我也有此意，可惜办起来颇费周折……只能做一个长期的目标，继续奔波。"又说："出一套优秀语文教改的丛书，是个好想法。但要严格选题，真正能反映当代语文教改的成果和进程。这项工作，我先和刘国正先生商量一下，以取得广泛的支持。"陶先生对工作抱有如此理想又如此认真细致，实在可敬可佩。他在信中还说："从《语文教学通讯》创办开始，就得到您的全力支持，如今已有十多个年头，每每忆及您和所有大力支持此刊的老朋友，感激之情油然而生，面对所办的刊物，更不敢有半分懈怠，还望您继续大力支持……"读到这些，我深受感动。

陶本一是上海人，后来他被调回上海，在上海师范大学担任常务副校长。虽然离开了山西，但他对那片黄土地依然眷恋，从下面这封来信便可知其情之深。

蔡澄清先生：

您好。久未联系，一切都在念中。今突然接您大著一册，倍感亲切。翻读你的诗文，略知您的近况一二，很是高兴。诚如您在《七十自寿》中所述："几经磨难身尤健，历尽沧桑志未移。乐得暮年常伏枥，子孙起舞更欢怡。"您有一个好事业，又有一个好家庭，两者相加，就是一个完美的人生。

我自 1994 年年底调入上海，总算找到了最后的安家处。在山西工作了 32 年，大好青春都给了那片黄土高原。但是我一点也不后悔。2002 年初从行政岗位上退下来，现在带若干个研究生，同时接受市教委的任务，主编九年义务教育语文教材。我今年 63 岁，但内部的零件却没有一个不出问题的，这也是以前透支健康的恶果。

你我相交 20 余年，虽还不到知己的程度，但也是好友，特别想到您对《语文报》和《语文教学通讯》的支持，更是感激。希望以后多加联系。

向嫂夫人问好。即颂

夏安！

陶本一

2004 年 6 月 1 日

这是我寄给陶先生《养正斋诗文杂抄》后，他从上海写来的信，字里行间，友好热情。我记得他在山西荣获"全国劳模"，到上海后也是大忙人，以至于累垮了身体。他对山西一往情深，为《语文报》《语文教学通讯》奋斗不已，其耕作成果，其学术精神，其扶持后学之功德，无不令人敬仰。

徐：据悉，陶本一与张春林是最早倡导“大语文”的人，就您所知能否谈谈？

蔡：我刚才说过张孝纯先生的“大语文教育”观，我也一直比较关注这方面的情况。陶本一先生创办的《语文报》，一向旗帜鲜明地倡导“大语文”、实践“大语文”、推广“大语文”，在全国产生了广泛、持久而深远的影响。

据《语文报》现任副总编辑任彦钧先生最新研究成果，陶本一先生是最早倡导“大语文”教育的人[①]。据任先生考证，“大语文”这个术语，最早应该见于《语文报》1981 年第 2 期张春林先生的一篇专栏文章。张春林先生与陶本一先生是莫逆之交，张先生时任杭州大学《语文战线》(后改为《语文导报》）杂志主编，同时兼任《语文报》副总编辑。2006 年，张春林在《迎接语文教学的移动学习时代》一文中回忆：“25 年前，笔者在《语文报》的《半月谈》一栏发表一篇《从‘大粮食’说到‘大语文’》的短文，这是在语文教育界第一次提出‘大语文’的观点。有感于当时语文教育界盛行的‘以纲为纲，以本为本’的口号，笔者认为大纲只是一种指导，课文不过是一个例子，语文学习没有必要画地为牢，把自己局限于大纲和课本的樊笼之中。‘大语文’的含义，一是语文的外延与生活的外延相等，语文学习的内容具有广阔性；二是语文的载体可以随着时代的发展不断丰富，语文学习的方式必须多样化。”[②]

---

① 任彦钧：《“大语文”的前世今生》，载王光龙、蔡智敏主编《师长·社长·校长——我印象中的陶本一先生》(上)，山西教育出版社，2018。
② 张春林：《迎接语文教学的移动学习时代》，《语文教学通讯》2006 年第 36 期。

2008年，张春林进一步在《创办〈语文报〉的前前后后》一文中追根溯源。他说，1980年他和陶本一在北京香山参加全国中学语文教材编写改革讨论会期间，“我们很不满意当时流行的‘语文教学标准化’的口号，特别反对泛滥成灾的‘题海战术’”。他俩合计着调动两刊的资源，创办一份面向中学的语文报纸，于是创办《语文报》的初念产生了。正是因为他们抱着这样的初念，作家肖复兴在报告文学《一个校长和一张报纸》里写道：“1981年，全中国响亮提出提高全民族文化素质的口号。陶本一想要再办一张报纸，不仅中学生能看，全社会人都能看；不仅课堂上学语文需要，社会大环境也处处需要学语文。他把这种语文称为‘大语文’。这种‘大语文’不是仅仅为了考分，而是人生必备的课程，是开发人思维的重要钥匙。”① 回想北京香山会议期间，我与陶本一、张春林等应邀与会，看到同为著名报刊社总编的陶本一和张春林经常一起散步，并肩出入，他们共同语言较多，我对此印象特别深。

以陶本一为首的语文报人，以“大语文”观为理念，突破传统的以课堂为中心、以教科书为中心、以教师为中心以及后来以考试为中心的窠臼，力求语文教育与青少年学生全面发展、全民族文化素质提高紧密相连，从学科教学的角度将语文教育的功能、价值、意义提升到个人发展、社会发展和国家发展的层面。我认为陶本一、张春林所提倡的“大语文”与张孝纯提倡的“大语文教育”相得益彰。

惊闻陶本一先生于2020年7月25日中午在上海病逝，享年80岁，

① 原载《文汇报·扩大版》1991年第29期，有删改。

不禁潸然泪下。作为挚友，不辞浅陋，谨成一绝，以寄哀思：

沪上逢君庆有缘，传经说法互磨研。
弘扬“点拨”功劳大，痛失先贤泪不干。

第六章　养正斋里话点拨

退而未休，老有所乐

徐：蔡老师，请说说您退休后的生活情况。

蔡：我 1999 年 65 岁退休，至今整整 21 年了。我退休前的生活，可以说是艰辛而又快乐。退休时，我借用鲁迅先生《自嘲》诗原韵写过一首《自述》，可算是自我写照：

人间沧海几横流，历尽沉浮数十秋。
回首方惊师道险，凝眸始觉艺难求。
耕耘播雨滋红杏，沥血呕心瘁白头。
且喜蚕衰丝未尽，教坛自哂一黄牛。

2000 年，我开始过上“全退半休”的生活。说“全退”，就是正式办理了退休手续，也正式离开了学校工作岗位，完全不用上班，而且搬进了新居，过的是一种新式“退隐和休闲”的生活；说是“半休”，是指退休之后，一边休息，一边做点力所能及的工作，老有所乐而且乐此不疲。

这“休息”包括陪老伴做点家务，如买菜、烧饭之类；个人消遣，如读书看报、看电视之类；上网聊天，主要是与在外地工作的孩子们视频通话，交流信息，共叙家常；参观旅游，有选择地就近郊游或参加会展。此外，主要是在房前屋后种点花花草草，浇浇水、松松土，消磨时间，这大概就是所谓的怡情养性、颐养天年吧。

这“工作”则主要是作为一名中学语文教师，还是干点老本行——继续搞点教育教学科研工作。退休前，我长期担任全国中语会理事，退休后一直担任学术委员、顾问等，因此有时候还参加一些学术活动，参与他们组织的课题研究或编写任务，一些语文教学期刊也交给我一些写稿任务，教育部门也交给我一些教育科研的写作任务。这些工作都得付出一定的劳动，花费一定的心血，恐怕就不能算纯粹的休息了。

退休后，我先后出版了《蔡澄清：点拨教学法》（湖北教育出版社，2001 年出版）、《中学语文点拨教学法》（人民教育出版社，2004 年出版）、《我的语文教学观与方法论》（安徽师范大学出版社，2010 年出版）、《青年语文教师成长之路》（上海教育出版社，2013 年出版）四本教学专业理论专著，编印了《跨世纪回眸》《养正斋诗文杂抄》《旅美散记》等个人文集。刚退休时我被聘为安徽师范大学教育硕士研究生导师，给学生们上过课，还指导过一些青年语文教师撰写教科研论文与开展课题研究等。这些虽然谈不上丰收，但可算“退而半休”的一点实绩，诚可谓“老有所乐”也。

徐：蔡老师，您的书斋取名为“养正斋”，请谈谈缘由。

蔡：工作后，我为自己的小书房取名为“养正斋”。最初，我给它题一副门联“养吾浩气播馨香以致远，正彼颓风披恩泽而流长”，横批曰“室满书香”。因书斋之名，我继而自号为“养正斋主”。65 年来，这个书斋名一直伴随我，我还请人镌刻过多枚相关印章，偶尔把玩。

这个书斋最开始只是一个斗室，里面只有一张书桌、一个小木书架、一只用了几十年的破旧书箱而已。后来，学校分配给我一套住房，除卧室、客厅、厨房外，还有一间小书房，虽然不足十平米，但我也添置了一个书橱和一个藤书架，也一下子增买了几百本图书，小书房有点像个真正的“小书斋”了。

后来，我换了两次住处，“养正斋”也越来越大，各类藏书比以前又增多了一点，而且挂上了亲朋好友题赠的书画作品。

我之所以有这样一个室由小而大、书由少到多的“养正斋”，主要是因为我是一个教书匠，终生教书育人，工作以来不断地自学、教学，不断地购书、读书，于是藏书越来越多。又由于我教语文，涉及知识面广，我更需要成为一个“杂家”。在长年教书、读书的基础上，我的知识日积月累，教书经验日益丰富，于是结合教书、读书，我逐步学会了写论文、写书。几十年来，我在小书斋内把自己的读书心得、教书经验、教科研成果等陆续写成二十多本书稿，交由出版社出版。

在“养正斋”内，我读了一辈子书，也写了一辈子书，在教书育人实践活动中逐渐摸索出了语文“点拨”之道。“养正斋”滋养了我，提升了我，造就了我。

湖南省一位著名的军旅书法家得悉我的“养正斋”自拟联后，十分欣赏，特地为我书写此副对联并寄赠予我，红底黑字隶书，遒劲有力，入木三分。我十分喜欢我的“养正斋”，也喜欢这位军旅书法家用我的书斋自撰联题写的墨宝。

徐：您退休后劳逸结合，能否在养生方面谈谈您的体会呢？

蔡：我的退休生活一直是比较简单而充实的。我没有恶习，不酗酒、不抽烟、不打牌，尽量不熬夜（早年有时不得不熬夜）。老年期间患有高血压、冠心病、白内障等疾病。我一直注意锻炼与养生，注意定时吃药，保持良好的心情，饮食也比较清淡。目前，白内障影响我的生活，我读书看报比较困难，也很少长时间地看电视、看手机，基本上不用电脑了。

我几十年来坚持订阅《参考消息》《大江晚报》，现在依然每天浏览。

每天除了白天户外活动活动，就是午后靠在沙发上休息半个小时，傍晚坚持陪同老伴散步半个小时左右。

作为一个过来人，我深知教师工作本来就很忙，也很辛苦，搞教学改革实验与科研就更辛苦，如果不注意自己的身体，长期透支，就会出现亚健康，积下病痛之根，甚至影响正常的工作与事业。青年教师如果感到工作与生活压力大，一定要学会自我调节，学会自我排解，保证身心健康，拥有充沛的精力，以适应瞬息万变、纷繁复杂的现代社会。

我的老师乌以风先生 85 岁以后根据自己的身体情况，曾“自立三戒，自觉遵守”，即一戒劳、二戒怒、三戒多言。他说：“孔子云‘血气既衰，戒之在得’，过劳伤体，无论是脑力还是体力；多怒伤肝，心不与物忤；多言伤气，养气安神，有益身心。”30 多年前乌先生提倡的这种儒家养生之道，我现在感同身受，的确是值得我们学习和注意的。

“智者乐，仁者寿”，“身体是革命的本钱”，这些话一点也不假。总之，有了好的身体，比拥有金钱、名利都重要。

蔡门三博士，一家五复旦

徐：都说“父母是孩子的第一任老师”，说起来容易做起来难。在家庭教育中，您对孩子是怎样进行点拨教育的呢？

蔡：许多人经常问我，你是怎么教育孩子们成长的，有什么秘诀？我总是回答：“我坚持的是常规教育。对孩子，对年轻人，我作为家长和老师，总是既严格要求，又循循善诱；既尊重他们的自主性，又多予以鼓励；既晓之以理，又动之以情；坚持正面引导，重在点拨引导。这就是我的行动方针和实践准则。其实，也没有什么特殊的秘诀可言。”

教育是一门科学，也是一种艺术。我在语文教学中，主张和倡导运用点拨教学法；在家庭教育中，也同样重视点拨和引导。家庭教育、学校教育、社会教育三位一体，合成全面的立体的大教育，形成协同教育。

“父母是孩子的启蒙老师”，“父母是孩子的第一任老师”，“孩子身上的不足之处，要从家长检查起”，这些话，人人都知道，可做起来的确有点难。普通的家长，需要对孩子进行启发、鼓励、引导和点拨；身为教师的我们，更应该注重言传身教，耐心教育，对自家的孩子进行有效点拨。因此，我认为在家庭教育中是可以也需要进行点拨教育的。

徐：您家被誉为“蔡门三博士，一家五复旦”，请介绍一下。

蔡：我家有三个子女，老大蔡雯是女孩，老二蔡骐、老三蔡倜是男孩，三人都毕业于芜湖一中，又先后进入复旦大学学习。后来姐弟三人先后成了博士，我的女婿与儿媳中又有两人是复旦大学毕业的①，因此当时媒体报道的时候，称为“蔡门三博士，一家五复旦”。

蔡雯小时候喜欢读各种童话书，较早地阅读四大名著，只要有一点时间就见缝插针，捧起书本。有时候我们喊她吃饭，她总是说“等这一章看完才吃”，我们怕饭菜凉了，就提条件说“后来吃的必须洗碗筷”，她宁愿刷碗也要一个劲儿看完。家里订阅的语文教育教学类的图书和报刊，她也喜欢浏览。她不仅喜欢阅读，还喜欢摘抄，把她认为精彩的好词好句摘录在一个笔记本上。她小时候就有一个“作家梦”。性格上，她比较要强，进入初中后她更加爱好阅读和写作。为圆作家梦，她一直勤

① 女婿丁士，复旦大学新闻学院毕业。儿媳钱小明（蔡倜的妻子），复旦大学毕业后留校工作。

学苦练，终于在1981年以安徽省高考语文单科第一的优异成绩考入复旦大学新闻系。当时流行家长亲自护送孩子去上大学，我们家也有送蔡雯去上海的打算，可蔡雯说："爸妈，你们俩就不用送我到上海了，我自己能行，就当我一个人去外面的世界锻炼锻炼好了。"她对弟弟吐露，其实，不要我们护送，主要还是考虑到家庭经济不宽裕，想为家中节省一笔不必要的路费开支。尽管我们有点不放心，但在她一再坚持下，我们也就让她独自远行。

她读大二时，带领六名同学去上海市招生办负责编辑出版《招生通讯》，她本人既采访又任主编，报纸办得很出色，深受好评，很快引起了复旦大学新闻系主任叶春华教授的注意。蔡雯被叶教授选中，作为培养研究生的预选对象。叶教授所教的是新闻编辑学，他给了蔡雯一把办公室钥匙，让她平时多看报纸，多做笔记，多思考研究，又让她到《解放日报》实习。她在《解放日报》编写的几个小栏目，受到当时总编陆炳麟的赏识，陆总编让她组编第一版稿件，并亲自给予指导。正是在这些前辈的培养下，蔡雯很快爱上了新闻编辑学这一专业，本科毕业后以优异成绩考上了叶教授的研究生。从此，她原有的"记者梦"和"作家梦"开始转变，她逐步与"编辑学"结下不解之缘。

1988年秋季，蔡雯硕士研究生毕业，复旦大学原想让她留校工作或继续攻读博士学位，但由于当时她爱人丁士已在《经济日报》总部工作，她于是也去北京，在中国新闻学院任教。1994年，30岁的蔡雯破格晋升为副教授，不久开始招收研究生。接着，她考上了中国人民大学著名教授郑兴东先生的新闻编辑学博士，2000年取得博士学位，论文获全国优秀博士学位论文奖。后正式调入中国人民大学新闻学院，并于2001年成为最年轻的博士生导师。不久，她担任中国人民大学新闻学院分管教学的副院长等职务，后又担任中国人民大学新闻学院党委书记、副院长，已晋升为二级教授。由于工作太忙，任务重，压力大，蔡雯生病了，现已不再担任学院领导职务，专任教育部设在中国人民大学的新闻与社会研究基地主任职务。

徐：老二蔡骐的成长之路是怎样的？

蔡：上小学时，蔡骐有一个爱好，就是看小说，而且总喜欢记住书中的人物和故事，并滔滔不绝地告诉大人。他用练习本的空白页制作了许多小本子，用来抄写书中的人名和物名，并加以分类整理成册。我们只是点拨与鼓励，并不强调他要做得怎么样。他坚持整理摘录、分门别类，制作“手抄书”，把这视为一种乐趣。

高三文理分科时，班主任很希望他留在理科班。蔡骐觉得姐姐在复旦大学进展良好，便对复旦大学充满了幻想。蔡雯第一次从复旦大学放假回来曾对他说，复旦大学的伙食很好，那儿的馒头就像面包一样好吃，这对他构成了很大的诱惑力。虽然后来蔡骐认为是姐姐在忽悠他，但当时却是他的真实心态。所以蔡骐想学文科，将来也上复旦大学，而且他一心想学新闻，要和姐姐一样成为一名新闻工作者。我们考虑到他如果能和姐姐在一起，生活上有所照应，专业上也有所帮助，也就赞成。这样，蔡骐就决定学文科。现在，很多家长在孩子选择文理科的时候，强加自己的意愿给孩子，干预太多。其实，尊重孩子的意愿，才是最好的选择。

1985 年，全国一批重点大学首次在一些省市重点中学招收少量优秀免试生。复旦大学给了芜湖一中一个文科保送名额。按全校成绩考核推荐，蔡骐获得保送资格，他可以优先选择，于是，他果断地填了复旦大学新闻系。但没料到事与愿违，正式录取时，复旦大学招生办的人在黄山录取点告知芜湖一中校长，复旦大学新闻系的免试名额已经给了别的省市，鉴于蔡骐成绩优异，加之他是安徽省中学生历史竞赛第一名，尽管复旦大学历史系当年不在安徽招生，但经学校研究，同意历史系免试名额从别的省市调给安徽，接受蔡骐免试进入复旦大学历史系就读。于是蔡骐就上复旦大学学历史了。历史本科毕业后，学校决定让他免试读研究生，硕士毕业后，他选择进一步深造，攻读了博士学位，最终成为“三复博士”（本硕博均在复旦大学就读）。

蔡骐是著名史学家周谷城教授和复旦大学副校长庄锡昌教授合带的博士生，毕业后本可留校，上海、厦门等地的知名大学派人来招他他都未去，因为在这些大学都得服务三年才能离开。而当时湖南师范大学校长张楚廷在《光明日报》发表文章广揽人才，蔡骐了解到该校不设服务期，可以想走就走，他当时一心想早点赴美留学，因而应张校长之邀去了湖南师范大学。他先在历史系执教“世界文化史”课程，1997 年开始担任硕士生导师，兼教中文系英语，还在新闻系开设了“美国大众媒介研究”及“新闻专业英语”等课程。后因学校办独立新闻传播学院，他就离开历史系和中文系而转入新闻传播学院执教“新闻传播学”课程，并很快担任大众文化与传播研究所所长。1999 年，他经教育部考察被确定为公费出国访问学者，于 2000 年赴美国衣阿华州立大学亚太研究中心从事新闻传播学与媒介学的研究工作。这样，他从研究英国史的历史学博士变成了新闻传播学研究的访美学者，实现了一个跨越，圆了新闻梦。2000年，他被破格晋升为教授，几年后任学院院长，当了几年，他因身体原因主动辞去院长职务，现为二级教授、博导、大众文化与传播研究所所长。

蔡骐第一次去复旦大学，我们也提出要送他去上海。他说：“姐姐当年只身一人坐火车到上海，这次有姐姐在那里，你们还不放心？”他更是执意不要我们陪同。于是，他一人坐火车去了上海。

徐：老三蔡倜，是如何从复旦大学实验室的“临时工”，发展成为美国斯坦福大学博士后的？

蔡：蔡倜是家中最小的一个孩子，但他却未因此而受到娇宠，反而因为姐姐和哥哥的成绩都很好而承受了很大的压力。读中学时，他曾说："如果我不好好学习，就落伍了，那种滋味可不好受。"因此，他从小也养成了争强好胜的性格。

到了高三文理分科，决定未来学什么专业时，他倒有一点犯难了，因为他文理科发展均衡，老师们觉得他学文学理均可。如果学文科，可以得到姐姐和哥哥的帮助，但要超过他们也不容易；如果学理科，那是一个未知的领域，完全要靠自己付出艰苦的努力才能获得成功。不过，不管学文学理，有一点他是早已下了决心的，那就是他也要进复旦大学，和姐姐、哥哥比拼一番。

说来也巧，那年暑假正好蔡骐带了一位要好的复旦大学同学来芜湖玩。谈及蔡倜的专业问题时，那位同学极力推荐蔡倜报考复旦大学的生物化学系，说这是复旦大学最好的理科专业，也是当时全国著名的学科，这门学科以后发展潜力极大。我怕蔡倜身体不太好，学理科很劳累，曾有点犹豫。但蔡倜动心了，加上全家大多数人的支持，于是他就决定学理科了。

高三毕业后，蔡倜果真决定报考复旦大学的生物化学系。事也凑巧，1989 年北京大学、清华大学、复旦大学及中国科技大学等重点高校都给了芜湖一中保送生名额，蔡倜在各方面都符合学校的保送条件，于是他终于梦想成真，被复旦大学生物化学系免试录取。本科毕业前，班上有一些同学准备报考托福、GRE（美国研究生入学考试），申请赴美国留学，蔡倜在哥哥、姐姐的鼓励下也加入了这一行列。毕业前夕，有的同学已经拿到了美国的大学录取通知书，他很着急，盼望自己也能被录取。好事多磨，不久，他收到了美国一所大学的录取通知书，但通知上同时提到，由于该系今年有一笔科研经费尚未到位，因而能否给他奖学金目前尚无法确定。

这时复旦大学已临近毕业分配，要求所有的学生决定自己的去向。当时复旦大学规定，如果申请出国留学，可以声明不参加分配，学校将不再管该生毕业后去向；如果出国不成，档案直接转回学生原籍所在地人才交流中心。蔡倜虽已被美国大学录取，但如果奖学金不能落实，他肯定无法去攻读硕士学位。以他的成绩，复旦大学原可以让他免试攻读本校的研究生，但他为了出国已经放弃了这一机会，现在如果再声明不参加分配，一旦奖学金无法落实，他的档案则会被退回原籍，他就会成为待业青年，这确实让他进退两难。他与家里人商量，我们的意见也不统一，我并不强求他怎么做，只是鼓励他不断朝最终目标努力。最后，在我们同意尤其是他哥哥、姐姐的鼓励下，他决定还是不参加分配，就算当年拿不到奖学金而无法去美国深造，来年还可以接着申请，相信以他的成绩会有一个好结果。

可是，他的奖学金一直到最后都未能落实，于是他的档案果真被退回到芜湖，不过他本人决定暂时留在上海，以便次年继续申请留学。复旦大学是一所很开放的著名学府，从不为难自己的学生。系里了解到蔡倜的情况后，他的老师就让他到自己所在的国家重点实验室当一名“临时工”，一边从事实验工作，一边继续申请留学，这一干就是一年。到了第二年，情况有了转机，他同时接到 6 所美国大学的录取通知书，并且同时都提供全额奖学金。1994 年 8 月，他选择去了纽约州立大学，并先后取得了生物化学硕士、博士学位。蔡倜目前从事细胞分化调控和基因治疗人类癌症的研究工作，这也是当今世界科学比较前沿的课题之一。

在美国过生日

徐：蔡老师，听说您在美国度过了一个难忘的生日，请谈谈当时的情况。

蔡：在人生旅程中，生日是每年都要走过的一个脚印。记得少年时代，祖母和母亲总是把我的生日记在心上，每年这一天不是给我一个蒸熟的鸡蛋就是给我一大块米发糕，以表示对我的祝福。记得祖母对我说："儿的生日，娘的难日。"我不明白，祖母就解释为什么是娘的难日，讲"十月怀胎，一朝分娩"。听了祖母的话，我就将鸡蛋黄递给母亲吃；母亲舍不得吃，要我送给祖母吃；祖母宠爱我，最后还是我自己吃下了。祖母见我长大了，明事理了，会孝敬人了，就夸我，母亲也高兴。到了青年时期，我远离家乡到安庆、合肥读书，后来一直在芜湖工作，对过生日的事多是忘在九霄云外，即使记起也不在意，从来就没有专门为自己过生日。等到年老了，几个孩子（包括儿媳和女婿）倒是常常提起为我庆祝生日的事。对孩子们一片尊老敬老的孝心，我内心十分感激，但也怕麻烦他们，影响他们的工作，因此，总是婉言谢绝他们的一番好意。尽管如此，他们还是先后为我举办过三次生日祝寿小宴，送上衷心的祝福。

第一次、第二次生日祝寿小宴，分别是为我庆祝 60 岁、70 岁生日。我第三次过的是 71 岁生日，就是 2005 年在美国旅行期间的那一次。

2005 年 7 月 22 日，星期五。这一天，蔡倜还是正常去公司上班，蔡雯和儿子丁孜正忙碌着做回国的准备，我和老伴根本就把这一天当作稀松平常的日子一样，孩子们其实牢记在心。这天下午，蔡倜向老板请了两个小时假，提前离开公司，专程开车到离波士顿有几十公里的很有名的金门中国超市，买了一个很大的中国生日蛋糕，还买了许多中国菜，其中包括湖南腊肉、四川夫妻肺片以及鱼虾之类的食品。回到家之后，他和妻子钱小明一道亲自动手，做了一顿非常丰盛的饭菜。

我对他们说："这次来到遥远的美国过生日，实在是未曾想到过的事情，机会难得，很值得我们纪念。我很感谢你们的一片孝心。"人间最宝贵的是亲情，当人远在异国他乡，更感到亲情的可贵。

来到美国后，我从蔡倜与钱小明身上，才真正体会到中国留学生工作的艰辛与创业的艰难。他们每天一大早就要离开家赶到公司去上班，蔡倜要开车一个多小时，钱小明也要赶路半个多小时，才能到达上班地点，中午他们就在公司附近随便买点午餐吃（美国公司一般不提供午餐），下午要到 5 点多接近 6 点才回家，还要自己做晚餐，忙到很晚才休息。其他杂事、家务都得等到双休日才能处理，每个星期天还要开车去超市买回一个星期的菜。长年如此，生活与工作显得十分紧张，日子过得比较单调乏味。因此，一想到他们这种生活，我就非常怜惜他们的清苦和劳累。我再三嘱咐他们，多多保重自己的身体，如果日子过得不顺心，就早点回国工作，好好享受全家人团聚在一起的欢乐。

旅居美国的那些日子，我从蔡倜与钱小明的介绍中了解到，美国家庭的孩子一般年满 18 周岁就得离开父母，独立生活；工作之后，大多不和父母居住在一起；平时双休日，也很少回家看望父母。有的老年人老了就寄住在养老院里，度完终生。这可能是中美文化差异。我在美国过这个生日，更让我觉得中国人的亲情和美德是很宝贵的文化传统，很值得我们珍惜。生日晚宴后，我在室内的柔和灯光下，百感交集，情不自禁地写下了一首小诗：

人生诚有限，最贵是亲情。
异国生辰宴，感觉倍温馨。

“大弟子”陈军的贡献

徐：章熊先生将陈军誉为您的“大弟子”，请谈谈这个称谓的来由。

蔡：章熊先生一直将陈军说成我的“大弟子”，说起来很有趣。最近看到章熊先生写的《“我们”和中语会》一文，其中写道：“安徽蔡澄清与他的大弟子陈军研究怎么在实践中提高语文教学的质量。”

很早以前，在一次省级教研活动间隙，我向当时在场的全国及省中语会有关专家介绍从安徽来参会的几个年轻人时说：“他们三个人，很有意思，一个比一个小。陈军是老大，1962 年出生，孔立新是 1963 年的，汤国来是 1964 年的。”正是在这次介绍后，才有了陈军是“大弟子”一说，他们都是点拨法实践与研究团队的佼佼者。

徐：您能谈谈作为“大弟子”，陈军在点拨法的传承方面做了哪些事情吗？

蔡：20 世纪 80 年代初，我提出点拨法后，吸引了很多青年教师的注意，陈军就是其中最突出的一个。1982 年，陈军在安徽宣城寒亭中学任教的时候就追随我，与我一起实验和研究点拨法。

毋庸置疑，陈军是点拨法最早的重要践行者、传承者、研究者与合作者。他是不断进取的很有潜力又务实的语文教师，目前是上海市重点中学市北中学校长，正高级教师；上海市特级校长、特级教师，兼任全国中语会副理事长等职务。

陈军走上语文教学岗位后，在教改中努力实践和调查研究，写出了一些有创意的教研论文，也曾与我合作发表论文。如 1987 年在广州举行的全国中学语文教学研究会第四届年会上，我和陈军提交了长篇论文《语文教学点拨法新探》。在这篇文章中，我们一方面就点拨法的真正含义做了阐释，另一方面就“点拨法在教学实践中的运用与发展”概述了七个方面的问题，我们还扣住“用什么方法去点拨”这个中心论述了十种点拨形式。之后，该文被全国各地不少刊物转载。

前排左起：周凤生、陈玉琴。后排左起：陈军、蔡澄清、蔡倜。

鉴于陈军在不同时期的成长与业绩，我曾写过《奋力开拓农村中学语文教改之路——介绍青年教师陈军》（《中学语文教学》1985 年第 5 期）、

《一个有希望的青年人在成长——记我所认识的陈军》(《语文教学通讯》1986 年第 11 期,《封面人物》栏)、《一切都还刚刚开始》(《语文学习》1993 年第 5 期,《青年教师点将台》栏)、《一颗年轻而勃发的心——寄意陈军》(《中学语文》1996 年第 11 期,《封面人物》栏）等文章，对他进行宣传与介绍。

这里仅就陈军对点拨法的实践、研究及相关著述情况，向大家介绍他对点拨法的重要贡献。

第一，1994 年，陈军尚在安庆师范学校任语文教师时，为纪念我 60 周岁暨从教 40 周年，编印了一本《语文点拨教学初论》的文集，汇集我和他及其他老师关于点拨教学的研究论文几十篇，在安庆自费出版，全部用于赠送相关师友，这是他首次以点拨教学为专题出版的书。

1996 年，天津人民出版社出版了《语文教学点拨艺术丛谈》。该书全部内容都是在陈军编印的《语文点拨教学初论》中挑选出来的。这是我与陈军合作的关于点拨法正式出版的第一本学术专著。后来，在芜湖市召开的语文点拨教学法研讨大会上，这本书作为会议赠书发给近千名参会代表，产生了较大影响。这是陈军调入上海之前的一件大事，也是他个人对点拨教学作出的一大贡献。

第二，是《积累 · 思考 · 表达——写作能力的培养》一书 1990 年在语文出版社正式出版。此书是我和陈军合作编著的，也是我第一次提出“语文能力训练发展三部曲”的语文教学理论体系的第一本合著。

1981 年在福州召开全国中语会第二次年会时，我提交了一篇大会论文，题目是《积累 · 思考 · 表达——写作能力培养三题》，我在大会上作了正式发言。这篇论文在大会上获得好评，后来收入大会论文集并出版。之后，全国中语会的学术领导人章熊先生代表语文出版社社长李行健先生向我约稿，要求我以这篇论文要点为框架，写一本作文教学专著。

为了此事，我邀约陈军与我合作编写这本著作（即《积累·思考·表达——写作能力的培养》)。我拟出编写纲目，并提供我和周凤生老师教改实验班的作文材料，陈军很快执笔写成初稿，经我修改并请章熊老师编审，然后交语文出版社。此书从 1986 年约稿，经反复修改，1990 年才正式出版。

陈军当时才 20 多岁，还在宣城农村中学教书，也发表过一些教学文章。他很有发展潜力，我邀请他合作，也是为了更好地锻炼和发展他独立著述的能力，他也不负所望，逐渐成长为语文教学能手与教研专家。

第三，1997 年山东教育出版社出版的《蔡澄清中学语文点拨教学法》一书，是中央教科所研究员张鹏举先生邀我写的，当时我邀请陈军参加编写。点拨法论述部分由我执笔，后面的研究与评析部分，由张鹏举和陈军合作编写。

第四，我与陈军合作编著了《青年语文教师成长之路》，2013 年 10 月由上海教育出版社出版。这本书里，我和陈军对点拨法予以相关论述，同时收录了一些青年语文教师在点拨法实践之路上的相关研究论文。

第五，陈军独立发表了许多有关践行与研究点拨法有分量的论文，散见于《语文教学通讯》《中学语文教学》《语文学习》等核心期刊以及高校学报，这里就不一一列举了。

第六，陈军调到上海后，洞察并选择了点拨创新突破口，不但开设“话说长江”选修课，还专门研究儒家经典《论语》等，发表了系列论文，也先后出版了多部专著。其中第一本专著是《语文教学时习论》（上海教育出版社 2005 年出版），该书紧扣“时”与“习”论述语文教学传统如何走向现代化的问题，是一部语文教学论的研究专著。其第二本专著是《〈论语〉教育思想今绎》（上海教育出版社 2016 年出版），该书独辟蹊径，观点鲜明，论述深刻。多位专家荐评该书，其中人民教育家于漪老师称赞该书“特点十分显著，一是体认与思辨并重，二是比照与精选融合，三是贯通与重点映照，力求做到传承创新，古为今用，在‘今用’上有实实在在的启发”。

我和陈军近四十年来一直致力于点拨法的教学实践与理论创新研究，目的是把语文教学的传统性与现代化结合起来，民族化与科学化结合起来，赋予点拨法以现代语文教育科学教学论的新义，使之成为一种真正民族化、现代化、科学化的教学论与教育教学思想，以有利于深化与推进我国语文教育教学改革。

徐：陈军在安徽工作期间，我曾多次去安庆向他请教，也曾在教研会上听过他的报告。他给我来信中那如行云流水的字迹，曾被我校青年教师誉为“字帖”。

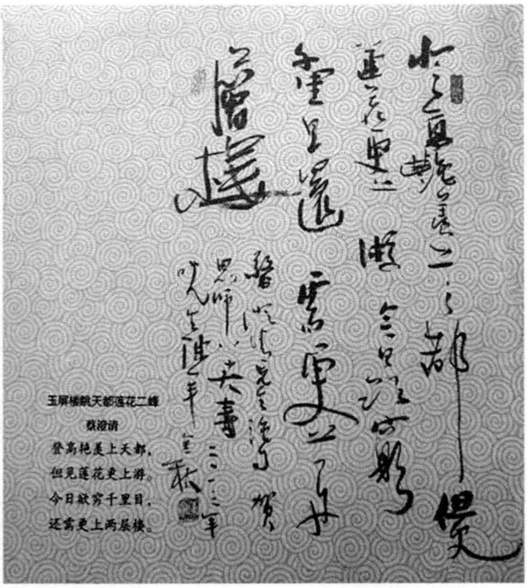

陈军书写的蔡澄清诗作

蔡：陈军的硬笔书法与毛笔字的确见功力，凸显了他身为语文教师的一项拿手的基本功。除了在宣城时曾为我写条屏，他到上海后，在 16 开的宣纸上，把我写的《黄山吟草》(七绝二十首)全部精心书写，寄到芜湖，委托人拿到专业店装裱而成一本精美的《〈黄山吟草〉书法集》，赠予我纪念。《青年语文教师成长之路》封底上刊印的《黄山吟草》诗就出自该书法集。

作为点拨法主要传承人之一，陈军的贡献有目共睹，无愧于“大弟子”的称号。“百尺竿头，更进一步”，我预祝他今后发展更好，建树更多！

孔立新走上教科研之路

徐：孔立新老师践行点拨法的经历是怎样的呢?

蔡：孔立新是一位优秀的语文教育工作者。他的教育教学历程基本上分三个阶段：一是 20 世纪 80 年代在南陵县任初高中语文教师；二是 90 年代调到芜湖一中任教科室负责人，兼教高中语文和初中文学创作与欣赏选修课；三是调到芜湖市教科所工作，负责新课改与语文点拨教学课题组工作，开启新世纪的教科研工作新征程。

孔立新勤奋好学，乐于钻研，勇于开拓。他曾长期与我参与点拨教学法的实验和研究工作，我们之间有师生关系，也是忘年交。他曾在多方面协助和支持我的教学研究和学校管理工作，在创建语文点拨教学法上，有他的一份功劳。对此，我是一直很感谢他的。

20 世纪 80 年代中期，陈军、孔立新等几位青年教师陆续加入点拨教学研究的行列，他们在自己的学校和班级开展教学实验和探索，取得了很好的成绩。后来，我和孔立新等几位老师陆续发表了有关点拨教学的文章，进一步丰富和发展了点拨教学思想。1996 年，我在天津人民出版社出版的《语文教学点拨艺术丛谈》里就收录了陈军、孔立新等几位青年教师的多篇论文。孔立新还出版了《解读与对话——新课程实施与点拨教学》（文汇出版社 2004 年出版）等多部专著，其中关于点拨教学的论文，大部分是他调入芜湖一中后与我一起承担“点拨教学实验研究”（“九五”省重点课题）所取得的研究成果。

在此期间，他以学校教科室负责人身份兼任学校点拨教学实验研究课题组副组长，后来又担任新成立的全国中语会点拨教学研究中心秘书长，他调到市教科所后也负责此课题工作。他在点拨教学法的运用和推广工作中，积累了不少实践经验，在理论认识上也有了很大发展与提高。比如，他对语文点拨教学要实现“三个转变”（由教师讲堂变为学生学堂、由教学八股变为灵活点拨、由只顾“学会”变为注重“会学”），对语文能力训练发展“三部曲”（积累—思考—表达）以及“点拨—创新”教学模式，对点拨教学过程中“点”与“拨”的要义与相互关系，对点拨教学中的中国特色等，都有自己的见解与体会，在不同的文章里分别有所阐述和解说。

孔立新老师在全国中语界已崭露头角，目前兼任安徽师大文学院教育硕士导师。他已成长为教学研究专家，并会为教科研工作继续努力。

精诚所至，金石为开

徐： 蔡老师，我作为向您写信求教者之一，每次都会看到您亲笔回

信中结尾总附上“精诚所至，金石为开，坚持努力，必有所成”这句话，您为什么一直如此强调呢？

蔡：我为的就是反复强调，达到心灵呼应、不断鼓励的目的。

“有朋自远方来，不亦乐乎。”几十年来，对全国各地青年语文老师的来信、来访，我通常都热情回复与接待。有时候，我一天会收到多封来信。这些来信，有出版社与语文教学刊物编辑部的，也有以前教过的学生的，而更多的是陌生的各地青年教师的。有的老师与我通信达多年甚至几十年，最长的已接近 40 年。

除书信交流外，我也将自己发表与出版的论著、点拨教学研究参考课题等资料，分别寄赠给不少老师，供他们系统了解点拨教学法原理，鼓励他们大胆实践，不断创新，结合校情、班情、学情，做出扎扎实实的教改实验，为切实提高教育教学质量、培养高素质人才服务。

尤其是寒暑假期间，老师们抽时间总结、反思，我的来信也就更多。值得一提的是，我患白内障后，不少老师来信书写字迹更加工整，字号稍微加大，有的老师还特地打印成字号大一些的文字，为我阅读书信提供了极大方便，感谢这些细心关照的朋友们。

在这些来信中，老师们都非常谦逊、恭敬，我也从不以谋面与否、地域远近、教龄长短、名号尊卑、成就如何有所区别，一律以平等的朋友来对待，向他们学习，与他们互勉。

对于学术研究，我历来不搞“派系”之类，即使有学者发现并提出研究点拨法的“芜湖圈”“安徽圈”甚至“全国圈”现象，来探讨其中的传播与规律（事实也基本如此）。我一直认为任何一种教育教学改革实验与学术研究，都需要大批有志于此的年轻人来加入，来实验，来传承与发扬光大，可以形成一个个地域性的实验小组与课题研究团队，大家互相交流，取长补短，提倡开放的学习、实验与研究，海纳百川，百花齐放，百家争鸣，甚至中西比较，具有国际视野，以深化我国的教育教学改革。

徐：回顾梳理一下全国各地的这些来访、来信，您能否归纳出什么普遍性的问题？

蔡：来信、来访提出的各种问题，涉及教育理念、教学实践等，我一般会择要予以解答。问题多种多样，如点拨教学法如何实践，如何自学与进修，需要阅读哪些教育教学理论著作，如何综合运用各种教学方法，如何撰写与发表论文，如何申报省市级课题以及如何开展课题实验与研究，针对某一类课文如何教学，如何设计课堂教学，如何有效批改作文，如何提高中高考语文教学质量，如何运用多媒体技术，如何落实新课标的新理念，如何开展选修课，如何编写校本教材等。还有一些老师撰写了原创教研论文，请求我修改或提出意见或推荐给报刊编辑部的，也有出版论著请求我为其作序的，或惠赠其已经刊发的论文或出版的著作，甚至汇报结婚生子、购房买车、孩子考上理想的大学、晋升晋级……几乎无所不包，无所不谈。

我也曾梳理出带有共性的问题，予以思考与解答。如 1997 年 5 月，我在江西庐山参加全国中语会课堂教学研究中心召开的学术年会期间，即以"关于语文点拨教学的几个问题——答青年教师问"为题作讲座，也曾多次在有关刊物发表《答青年教师问》之类的文章。记得那次讲座当晚，许多青年教师齐聚一室，质疑问难，追根求源，我们促膝长谈，畅所欲言，夜已深，以至于后来安徽南陵县汤国来老师委婉地提醒谈兴正浓的老师们尽量早点回房休息，其实他是想确保我的睡眠时间。

几十年来，鸿雁纷飞，这些信函往复，我都视为动态的思想碰撞的过程，也珍惜与各位老师交往过程中的友谊。福建陈日亮、湖北洪镇涛、江苏洪宗礼、北京程翔、四川李镇西、上海黄玉峰、江苏李震和高万祥等著名特级教师都曾与我保持联系。

徐： 高万祥的《我的教育苦旅》一书中有《蔡澄清的风范》一文，这本书也收入了您写给高万祥的一封书信，很让人感动。

蔡： 我倒还留有这封信的内容。

高万祥校长：

您好！久仰大名，屡读大作，深怀敬意。阁下对中学语文教学的许多见解独具创意，深表赞同，惜无缘会晤，畅叙交流，真乃憾事！

近日在《中华读书报》上得知阁下正在率领贵校师生参与“新教育实验”。贵校作为实验挂牌学校，倡导“新教育实验从读书开始”，这是十分可贵的创举，深得实验要领，具有远见卓识，我是十分赞同和钦仰的，谨向您致以祝贺，并祝愿实验取得成功！

为表示对引导中学生勤奋读书的祝贺，谨寄上拙编《中国中学生阅读训练点拨示范大全》一书，供训练学生时参考，希望它能在“读书”实验中有所助益。我想，对于读书的中学生和指导学生读书的语文教师，此书都可供参阅、借鉴。不知您以为然否？书中如有谬误之处，还望多有教正。

另附赠拙著文选两本，请多予批评指正。

我们都是语文教师，都希望为中国的语文教育，为中学的语文教学多做点事，祝愿您在这方面取得更大成功！

今后仍盼多联系、赐教。专此奉达。即颂

教祈！

蔡澄清

2004年4月18日于芜湖一中

徐：许多老师，无论是得到您面授教导的，还是得到您远程书信指导的，他们的工作都呈现出可持续发展的现象。

蔡：点拨教学法吸收中国古代启发式教学的精华，又吸收借鉴了西方教育理论中的多种科学成分，其注重学生主体作用，注重知识能力生成逻辑的特点，与建构主义等现代教育理论不谋而合。在新课程改革、新课标颁布的背景下，语文学习涉及的内容更广，容量更大，运用点拨教学更能发挥教师的作用，更能提高教学效率。许多老师践行点拨教学法，取得了不凡的业绩，这里略举几个典型的例子。

安徽六安市霍邱县第一中学赵克明老师，虽然他与我从未谋面，但在来信中一直把我视为老师。他第一次写信给我，就寄来了一篇实践点拨法的教学论文，我当时在病中及时回信，寄给他研究点拨法的参考课题资料，并将他的论文推荐给《语文教学通讯》发表。

赵克明老师 1995 年从乡镇中学调到县城中学后，加强“点拨教学”实验，以“心态点拨”和“学法点拨”为突破口，并把二者作为点拨法省课题的子课题。为了帮助学生排除心理障碍，他注重发挥“五个效应”：学习动机的推进效应，自信心理的催化效应，成功快感的激励效应，动态学习的调控效应，良好习惯的定式效应。针对中学生的心理特点，他十分注重在课文教学前下准备的功夫——调整心态，点拨学生进入角色；酝酿感情，点拨学生产生共鸣；交代背景，点拨学生步入情境；教给学法，点拨学生掌握门径。在教读课文时他一改传统的照本宣科，而根据课文内容和学生状态灵活导读，如从最动情处或最引人深思处切入，又如将课文拆卸重组然后加以比较，等等。

面对学生谈作文色变的现象，他进行多方面点拨：凿通“水源”，拨开心头迷障；文题（情境）叩击，引发真情实感；启迪思维，激活创新意识；趁势点拨，促使接连突破；写“下水作文”，发挥示范作用。他还教给学生语文学习的其他方法，如写“学案”、“画”课文、循序设问（背诵法）、走出“黑箱子”（思维法）、编织词汇网（积词法）、借“题”发挥、转换语言、发挥成语的多功能，等等。

赵老师还注重“点拨—创新”，他在中学语文教育教学中运用点拨法理论，加强“语文养成教育”，他倡导、研究的省级课题“语文养成教育”已经结题，该课题就是以点拨法理论为主要依据的实践研究成果。他勤奋努力，不断进取，成为安徽省特级教师，在专业期刊以及《中学生》期刊《教你一招》专栏连续发文，出版了《赵克明教写作》（文心出版社，2013 年出版）等多本专著。

合肥市巢湖的胡家曙老师也是点拨教学实践的佼佼者。他于 1999 年春给我写来第一封信，并附上他在《中学语文教学》等期刊发表的几篇论文。当时，全国中语会即将在芜湖召开点拨法现场会，我及时回信，对他的教研潜质予以肯定，邀请他来芜湖参加此会。他来聆听了张鸿苓、陈金明等专家的学术报告，观摩了邓彤、肖家芸等青年名师的示范课，他说这是他从教以来参加的收获最大的教研盛会，由此他坚定了投身点拨教研的决心。之后，我把我的几本点拨法著作及时寄给他。

胡家曙老师从点拨法在宏观上是一种教学思想、在中观上是一种教学论、在微观上是一种教学方法的要点上逐渐领悟，并结合自己的教学实践不断探索。他精教勤研，在作文教学研究和高考研究方面成绩卓著，于 2002 年出版了第一本专著《话题作文创新思路大点拨》，在此之前他邀请我为此书作序。

2003 年春节后，巢湖一中将胡家曙从乡下初中调入该校。后来他从巢湖一中校长、语文特级教师贾忠慈处得知，我之前曾写信给贾校长对他予以诚恳推介。他也不负众望，勤恳努力，已晋升为特级教师、正高级教师，先后被评为省模范教师、省先进工作者、省江淮好学科名师、全国优秀教师，享受国务院特殊专家津贴。

胡家曙老师曾主持省级课题“高效语文教学”。在新的时期，他表示有两个方面的追求：一是进一步深入学习领会点拨教学思想，从而在培养学生语文核心素养方面有更多的理论支点和行动切入点；二是将点拨教学理论与其倡导的高效语文教学主张相结合，利用点拨教学理论和操作办法丰富高效语文教学的内涵，利用高效语文教学的实践将点拨教学法进一步具体化。

目前，胡家曙老师已走上巢湖一中副校长的领导岗位，他也是合肥市教育局设立的“胡家曙名师工作室”主持人，这更好地发挥了他的示范引领作用，使点拨教学在跨学科、跨区域应用上发挥出更大的作用。

以上两位老师都是从乡村起步，通过努力学习和不断实践，逐渐成长为名师的。我以前多次撰文介绍过的皖南乡村语文教师罗光奖老师更是如此，他后来已到沿海一带学校发展。像这样有长期践行与研究计划的佼佼者，全国各地还有很多，这里就不一一介绍了，我衷心地祝愿他们为祖国的教育事业做出更大的贡献！

第七章　点拨法的创新与未来

点拨之路越走越宽广

徐：蔡老师，回顾您的点拨之路，能否再简单概括一下？

蔡：回顾我的一生，点拨法实践之路既是教改实验之路，又是学术教科研之路，更是我的教师梦之路。我曾在《我的语文教学观与方法论》（安徽师范大学出版社，2010 年出版）一书中说：“在教学实践中进行改革和探索，贯穿了我的全部教育教学过程。50 年来，我所遵循的指导思想是‘改革，改革，再改革；实验，实验，再实验；创新，创新，再创新’。”

现在我仍然要说，教师之路，是一条艰苦之路。艰苦在于：教育要改革，改革要实验，实验要创新。改革，实验，是为了开创新路。开创新路，则是艰难而又曲折的。唯其艰难，故而需要勇敢，需要拼搏，需要奋战不已；唯其曲折，故需不畏险阻，开拓进取，百折不回。从 20 世纪 50 年代初开始到 90 年代末退休再至目前，我走过的教育教学之路，可以说就是一条不断改革、不断实验、不断进取、不断发展、不断创新之路。

我深深地相信，点拨法教育教学之路会越走越宽广，前景会越来越美好！

一直以来，我大力倡导运用点拨教学法进行语文教学，主要有以下几点理由：

一是基于中学语文教学的特点和客观要求。一方面，中学语文教学并不需要像小学语文教学那样，从一字一词一句教起，而只是存在部分障碍和困难，教师教学主要是进行重点点拨，引导学生越过障碍，解决疑难。另一方面，从培养能力来说，学生要通过语文学习，掌握和运用字词句篇和“语修逻文”知识，培养和发展自己的听、说、读、写能力，不是光靠教师讲读就能做到的，学生要通过自学自练的实践活动才能习得。教师进行点拨正是引导和帮助学生进行这种实践练习，以更快更好地培养和提高学生运用语言文字的能力。

二是基于现代教学注重提高效率的实际需要。现代教学的重要特征之一就是适应当代知识飞速发展的客观需要，采用高效率的教学手段，加快学生掌握知识与发展能力的进程。教师的根本任务在于教会学生独立汲取和运用知识，帮助他们解决疑难，掌握自学的方法，养成良好的习惯，而不是把书上的全部内容一一“灌”给学生，让他们不加思考地全盘吸收。在知识几何级增长的现代信息社会，传统的全盘授予的教学方法是无法提高教学效率，让学生发展智力、提高能力的。那是一种远远落后于时代需要的很不科学的教学方法，必须坚决进行改革。德国教育家第斯多惠说：“不称职的教师强迫学生接受真知，优秀的教师则教学生主动寻求真知。”“强迫学生接受真知”的教法在今天已不合时宜，它完成不了现代教育的任务，而必须代之以“教学生主动寻求真知”的教法，这才是科学的。点拨法正是教师引导学生（也包括学生引导学生）学会“主动寻求真知”的一种教学方法。在中学语文教学中，它将大大有助于改变长期以来语文教学“少、慢、差、费”的状况，提高语文教学的效率。

三是基于调动学生学习的积极性、主动性。学生对语文课普遍不感兴趣的重要原因之一，就是对填鸭式教学感到厌倦，尽管教师讲得天花乱坠，学生却听得昏昏欲睡，始终打不起精神，哪里谈得上有什么学习的积极性、主动性？不改变这种局面，语文课是很难提高教学质量的。教育学和心理学的常识告诉我们：学生的学习积极性、主动性，是学生在学习活动中的一种自觉能动的心理状况，它是由多种心理因素构成的，比如学习动机、学习兴趣、注意状态等，都与学习的积极性、主动性密切联系。点拨法，就是根据学生的学习心理特点，从上述各方面拨动、引发学生的学习动机，激发、启发他们的学习兴趣，吸引、集中他们的注意，从而促使他们积极地、主动地学习，提高学习效率。学生的学习积极性、主动性一旦调动起来，他们就会以高昂的情绪主动探求知识的奥秘，奋勇攀登知识的阶梯，教师的任务就在于把这种积极性、主动性充分调动起来。点拨的任务正是在这方面因势利导，而不是全盘灌输。孔子说“不愤不启”“不悱不发”，“愤”与“悱”说的正是学生的心理状态，“启”与“发”说的就是针对心理状态，相机诱导，适时点拨。一个高明的教师只要三言两语就能激起学生强烈的求知欲望；只要做一个巧妙的暗示就能使学生在一片昏暗中悟见光明，豁然开朗；只要在方法上略加指点，学生就会心领神会。教师一石激起千层浪，学生往往就会浮想联翩，进入一个别有洞天的知识世界，这就是点拨的功效！因此，点拨的方法不是全面授予，而是片言居要，点石成金。英国教育家斯宾塞说：“一个无论怎样坚持也不过分的做法，就是在教育中尽量鼓励个人发展的过程。应该引导儿童自己进行探索，自己推论，给他们讲的应该少些，而引导他们去发现的应该尽量多些。”所谓“引导”“发现”，就是一种点拨。因此，我们认为点拨法是发展学生思维、调动学生学习积极性的一种有效方法。

徐：您数十年如一日地工作，在芜湖一中倾注了大量心血，该校也是点拨教学的发祥地与实验基地，目前传承发展情况如何？

蔡：点拨教学法创建 40 年来，一直在历任校领导与语文组老师们的支持下，大力实践、传承与发展、创新。比如语文组的胡寅初老师，有人说他是点拨法的真正嫡系。再以目前语文教研组组长程丽华为例。她于 1999 年大学毕业后到芜湖一中参加招聘面试，当时她上了一堂精彩的语文课，我作为学校招聘负责人，对她的课堂教学进行了评点，提出了建议，上完课之后，还与她交流了一个多小时，我向她介绍芜湖一中的校史与语文教学情况，对她寄予希望。她教完一轮初中即教高中，现在已被评为市级学科带头人。

2006 年，程丽华考取安徽师范大学教育硕士研究生，系统地学习语文教育教学理论与点拨法相关论著，以点拨法为选题撰写的硕士毕业论文《高中语文选修课中的点拨教学运用研究》被评为优秀论文。2008 年，她参加安徽省优质课大赛，此后又参加全国首届语文教师基本功大赛等，均取得佳绩。2008 年芜湖一中语文教研组组长、特级教师胡寅初退休，程丽华接任，同年又担任芜湖市语文教研大组组长。

2010 年，辛卫华和孔立新主持的省级课题"'语文点拨教学艺术'推广应用研究"立项，芜湖一中语文组在这个课题之下成立了子课题，开展新课程背景下的点拨教学实验。程丽华申请了市级课题"高中语文选修课中的点拨教学运用研究"，该课题成果在 2013 年安徽省中学语文优秀教学改革评比中获得二等奖。

2010 年芜湖一中搬迁至新校区，规模扩大，招聘了不少教师。教师的培养是学校工作的一大难题，当然也是教研组工作的重点。教研组以点拨教学法为"传家宝"，以课题研究为抓手，统一思想，形成凝聚力，建立学习共同体，组织语文组的教师系统学习点拨教学法，并通过课堂教学、课例分析和论文写作等多种形式开展研究。

2018 年，程丽华开始选编《语文点拨教学法的创建、传承与发展》。她对全国各地点拨教学方面的研究成果进行整理，拾遗补阙，将我以前论著中没有收录的文章进行汇总，编纂成册，共计 30 多万字，我已审订完毕。该书由安徽教育出版社出版，可作为本书的案例与印证。2019 年，她取得了不少研究成果。《语文教学通讯》高中刊 2019 年第 1 期和第 2

期的《名师研究》栏目连发程丽华的两篇论文《论点拨教学法在培养学生语文核心素养中的作用与潜力》《点拨教学法在高中语文专题教学中实践运用探析》,《学语文》2019 年第 1 期刊发她的《"整本书阅读"任务群教学定位的构想》等。

2018 年冬，程丽华赴养正斋向蔡澄清老师请教

身为点拨法发祥地的新生代主要传承代表，程丽华认为，在新课标背景下点拨教学法可以为母语教学贡献很多力量，并初步确定以"新课标、新教材与新点拨的研究实验"课题研究为突破口，充分发挥点拨教学法在新课标实施和新教材教学中的作用，进一步创新探索"新点拨"之道。

我深信，芜湖一中作为点拨教学的发祥地和传承、发展与创新基地，芜湖一中的青年教师一定会青出于蓝，更上一层楼。

学生好才是真的好

徐：蔡老师，前面我们说得较多的是教育、教学等方面，其实您的所作所为都是为了学生的成长与发展，请谈谈这方面的情况。

蔡：学校是教书育人的地方，学校教育的目的是培养人才，我们教师的教育教学就是为了学生的茁壮成长与终身发展。无论是教育管理者还是广大教师，都要为学生的健康成长服务，为培养学生的创新精神和核心素养服务，为祖国培养大量的建设人才服务，因此我一直认为“学生好才是真的好”。

改革开放初期，我曾代表学校写了一篇交流论文《重点中学要重视打好语文基础》，针对长期以来语文教学领域存在“少、慢、差、费”的现象，提出重点中学有责任带头在探索语文学习规律上下功夫，以起到示范作用。

当时的实际状况是重点中学的学生普遍重视数理化，忽视语文学科。语文学科是基础工具，它的工具性与人文性并重。学生语文学得好，对于他们更好地学习其他学科，提高思想政治觉悟和掌握文化知识，迅速成长为社会主义建设者和接班人有重要的作用。因此，我根据学校的实际情况，因势利导，制定了两条措施：一是行政组织措施，二是具体教学措施。

落实第一条措施，学校要做到有明确的指导思想，从起始年级抓起；

调整师资力量，充实起始年级；各科配合，大家都重视语文；加强领导，抓点带面。如学校共青团、班主任等都来重视语文，图书馆、阅览室等也提供各种语文图书以供借阅等。

落实第二条措施，学校主要根据语文学习的客观要求，狠抓薄弱环节，具体是：强调知识与能力并重，特别重视把知识转化为能力；强调阅读与写作并重，特别重视加强写作训练的科学化；强调讲与练并重，特别强调教师要讲得少一点，练得多一点，搞好讲练结合，做到精讲多练；强调课内与课外并重，在努力搞好课堂教学的前提下，注意加强课外读写辅导活动。之后制定具体的要求，予以落实。

论文《重点中学要重视打好语文基础》在 1981 年全国重点中学工作会议上交流后，反响很大，被收入教育部编的《中学教育经验选编》（人民教育出版社，1981 年出版）一书中。后来，我不断实践、探索、创新教学改革，提高效率，提高质量，为学生终身发展服务。

蔡澄清老师正在辅导学生学习

徐：我读过芜湖一中学生写的参加语文教改实验的文章，对此您怎么看？

蔡：我们先看一篇代表性的作品吧。

参加语文教改实验的回顾

芜湖一中83届初三（6）班　戴　春

朋友，你喜欢什么学科？是语文、数学、英语，还是物理、化学、生物呢？我最喜欢语文。说起来，在小学时，我可是最讨厌、最讨厌语文的了。那时，我对数学倒感兴趣。那么，我又是怎么喜欢上语文的呢？要想说清楚这个问题，还得从刚进中学时谈起。

初一刚开学，我高高兴兴地去报到。因为从这一天起，我就是个中学生了。我昂起头、挺起胸，一路上蹦蹦跳跳，看见什么都觉得可爱。到了新的教室，我遇到几位老同学，我们欢乐地谈着理想、未来，迫不及待地等着新班主任的到来。可是怎么也没有想到，我来到的这个新班是个“语文教改实验班”。当班主任周凤生老师告诉我们这一“好”消息时，我差点跳了起来，我最讨厌语文，可现在偏偏来到一个“语文教改实验班”，这算什么好消息，够倒霉的了！

果然没过几天，周老师就来动员我们了。她说：“语文教改实验并不是要你们一天到晚啃语文课本，我倒建议你们平时多看看课外书，短篇、中篇甚至长篇名著，都可以看。明天我去图书馆帮你们借一批书来，每人一本，看完互相交流……”

我又惊又喜，要知道，我不喜欢语文，最怕上语文课，怕写作文，但要说看课外书，我还是挺起劲的。

第二天，周老师真的帮我们借来了很多书，分给我们每人一本，还发了读书记录卡，记录卡上盖了一个红印“攻书莫畏难”。周老师还教我们摘抄词句，告诉我们哪些词句可以摘抄。起先，我只知道摘抄一些形容词，随着时间的推移，我摘抄的范围越来越大，古今诗词名句和中外哲理性的名句都不放过。在这同时，我们还学会了剪报。我把自己订阅的报纸上的精彩文章和一些科学常识剪下来，贴在一个大本子上。有的文章我还配上了插图，煞是好看，我喜欢经常翻阅这个大本子。

这都是自己动脑动手的事，不像以前一股脑跟着老师抄黑板。过了一段时间，我发觉自己不像以前那样讨厌语文了，因为我经过自己的努力，从课外学到了大量的新知识，这些知识像磁石一样吸引着我。

不仅如此，周老师还组织我们开展了许多有趣的活动。那是开学后的第一个月末，班上举办了一次古诗抽签背诵比赛。周老师把我们刚刚阅读并背诵过的50多首诗词的题名用50多张纸条写好，卷起来，让同学们上台抽。每位同学抽到纸条后，当众打开，先报出诗词名，说出作者名，然后背诵作品。想想当时，我紧张极了。我抽出来一看，是杜甫的《绝句》。这首诗是很容易背的，可我心里一紧张，全忘了。但周老师不着急，用微笑的眼神鼓励我。这回，我一点儿也不紧张了，我终于背出来了。我真后悔背得不出色，希望下次有机会再试试。可是，下一次不再是背诵了，周老师组织同学们上台讲故事、猜谜语，还有一次语文智力竞赛，之后的几个学期还举行过古诗默写比赛、错别字大扫除比赛、演讲比赛、朗读比赛、查字典比赛以及自己创作并由自己朗诵的赛诗会等，名目多着呢！周老师说："这也是学语文啊！"原来语文可以这样学，让我们在轻松愉快中增长知识，多好啊！

我们学的语文课本也跟别人不一样，除了跟其他班级一样的一本统编课本，我们还有一本北师大实验中学编的实验课本，这课本里有小说、诗歌、散文等，每篇课文都有预习题、讨论分析题和作业练习题，并且每本书后还附有古代诗歌。它的内容是如此丰富，我们一拿起它就不想放下了。我们最感兴趣的还是周老师教课有一套新方法，不像以前那样，老师讲，我们只有听的份儿，现在是周老师组织和指导我们围绕思考题自己读文章，自己分析。有争论的地方，大家动嘴，各抒己见，有时还争得脸红脖子粗呢。学古文也是这样，老师引导我们自己解决问题。以前是被老师牵着鼻子走，现在迈开脚步和老师一起跑，该多精神！有了兴趣，就有劲头，不说别的，单说我们翻译课外古文，在不到三年的时间里，翻译得最多的同学翻译了三百多篇呢。我呢，位居中游，也翻译了近两百篇。

不瞒您说，我原来最怕写作文，可现在不但不怕，而且兴趣很浓呢。这又是怎么回事呢？细细回想起来，原因也是多方面的。我记得从初一开始，周老师在教室里开辟了一块"语文园地"，她把写得特别好的作文贴在这块小小的园地里，供大家欣赏。我们都为自己的文章能够贴在"语文园地"里面感到骄傲。周老师要求我们每周至少写一篇课外习作。这篇习作不拘形式，内容自定，长短不限，可以写诗歌、评论，也可以写记叙文、散文……自由得很。我喜欢这种不带条条框框的写作活动，坚持每周一篇，从不欠账。

我记得周老师说："要想写好文章，必须学会观察，从平凡的生活中发现不平凡的事物，才能把事物写好、写活。"为此，周老师把我们组织起来，带到九莲塘、陶塘和赭山动物园去观察，还带我们去光华玻璃厂参观。回来后，周老师让我们写观察到的事物或景象。以前，写作文对我来说是个苦差事，我总觉得无事可写，现在却觉得可写的东西多着呢。因此，我平常没事时就写观察日记，练练笔，这样一来，我的写作速度明显加快了，文笔也巧妙多了。我从中尝到了写作的甜头，再也不怕写作文了。

周老师不仅要求我们会写作文，而且教会了我们改作文。那是读初二的时候，每周星期五下午两节课是我们的作文课。周老师把我们的作文分成两种，一种是大作文，即综合练习，写结构完整的文章；一种是小作文，即单项练习，主要写一些生活片段或局部描写。两种练习交替进行，每周一次。有一次，周老师一开始上课，就把作文本发给了我们。我打开一看，奇怪了，怎么把没有批改的作文发给我们了。同学们不由得面面相觑。只见周老师笑眯眯地望着我们，说："今天，我要请你们当老师，给别人改作文。""什么？让我们改作文？这行吗？"我真怀疑自己听错了。随后，周老师告诉了我们批改作文的要点，怎样改，怎样写批语，接着，就真的让我们改作文了。

一会儿，可就热闹了，这个说："你这个词用得不对。"那个说："你这个字写错了，应该这样写。"同学们一个个俨然成了小老师，往日的调皮、稚气都不知跑到哪里去了，同学们还一本正经地写评语呢。就是在这样的作文互改课上，我发现了许许多多自己从没注意到的错误并改正过来了。经过多次这样的互改练习，我逐渐养成了一个好习惯，就是自己改自己的作文。从此，我每次写作文，打好底稿后，总得自己修改两三遍，才抄上作文本，这对我作文水平的提高起到了明显的作用。

时光飞逝，一转眼三年的语文教改实验就要结束了。回顾这三年，我对语文学习从望而生畏到逐渐爱好，从不喜欢到喜欢，变化可真大！这归功于周老师的循循善诱和教学方法的改革。看来，这改革是多么必要，这实验多有意义啊！爱因斯坦说过："兴趣是最好的老师。"我之所以爱上语文，主要是周老师用各种方法激发了我的学习兴趣，调动了我的学习积极性。记得1982年的暑假，我们刚学完初二课程，周老师就让我们参加全省初三升高中的语文统考，我就取得了84分（满分100分）的好成绩。在今年初三年级的"听说读写"比赛中，我夺得了第二名。这同我刚进芜湖一中时相比，真是天壤之别啊！

说实在的，我真希望这样的教改实验在高中能够继续进行下去。

（原载《语文教学》1983年第9期，有删改）

徐：从上面这个案例，我们可以看到周凤生老师是如何想方设法进行教改实验来提高学生积极性、提高教学质量的，这在今天仍有许多可资借鉴的地方。程丽华老师告诉我，她刚到芜湖一中时，曾与周凤生老师在一个组教语文，周老师总是很少留课外作业，但教学效果却是最好，她佩服得不得了。

蔡：这个学生在文中披露自己由讨厌语文到热爱语文的心理变化，的确比较典型。1981 年至 1983 年，我牵头开展初中年段分科实验，当时周凤生老师是这个学生的班主任，教阅读与写作等课程，我教分科的汉语与古文等课程。这个学生考取大学后，学了生物专业，工作后调到芜湖一中教生物，由于教学成绩很好，文笔也很好，她被提拔为学校办公室主任。由于初中在语文教改实验班学习时养成了学语文的浓厚兴趣，她参加工作后在教学和工作之余爱上了文学写作，经常在《大江晚报》副刊发表散文，她的作品还被收入《镜湖星月》文学作品集并正式出版。

这里再介绍一下我以前的两个学生。一个是新疆石河子一二三团教育中心的沙得源老师。他是我在 1958 年进行高中文理分科时候的文科班学生，恢复高考后考取安徽一所大学，毕业分配到新疆后，先在兵团机关当干部，后主动要求到石河子一中教语文，要亲自实践点拨法，后兼任教务主任，接着又调到团教育中心，侧重于研究推广点拨法。

另一个是 1975 年我教的高中学生陈桃曲。她上山下乡劳动锻炼三年，恢复高考后考取中国科技大学，毕业分配到位于合肥科学岛的中国科学院等离子体物理研究所工作，后到美国攻读硕士、博士，目前在美国密歇根州安娜堡市从事计算机软件工作。她不仅取得了学业上的成绩，还密切关注我的点拨教学情况。她写信给我，要看我点拨教学法的资料，还专门委托即将赴美的亲人来我家将我的这些资料带去美国。

学生中类似这样令人欣慰的例子还有很多很多，我就不一一列举了，只要每个学生都能成长成才，就是我们做老师的最大的幸福！

点拨法的未来不是梦

徐：在2018年12月“人民教育家于漪教育思想研讨会”上，江西余勇超老师应邀在分论坛做了发言，其撰写的论文获奖并得到了于漪老师亲自颁奖。请谈谈您对余勇超老师的扶持和指导。

蔡：余勇超是江西省上饶市婺源县清华中学的一名青年语文老师。21世纪初，他给我来信，谈及他在教学中的一些困惑，表达了学习实践点拨教学法的迫切愿望。我给予他热情的鼓励与支持。为了让余勇超尽快熟悉、掌握点拨教学法的理论要义与操作方法，我前前后后给他邮寄了十多本点拨教学法方面的图书，并给他写过不少信，勉励指导他开展点拨教学的实践与研究。我告诉他，点拨教学的研究主要应从两个方面进行：一是侧重于实践探索与研究，结合自己的教学实践，进行一些教学改革的实验，把点拨教学的思想、理念运用到教学实践中去，不断探索，及时总结经验与心得体会，撰写教研论文；二是侧重于从学术理念的高度，对点拨教学的各个侧面展开深入的分析探讨，这种研究的理论性较强，而实践性较弱。我建议他在研究中兼顾这两个重点，把教学实践与理论结合起来，特别是要勤读书，广泛积累；多动笔，勤写作。余勇超肯学习、勤探索、善归纳，在点拨教学实践中有了一些心得，很快地成长起来。我们经常通信交流情况，我对他在教学实践中遇到的疑难及时给予必要帮助，提供解决的思路。余勇超在撰写自考本科毕业论文《蔡澄清中学语文点拨教学法的美学特征》的过程中，态度非常认真，曾经多次向我来信问询，与我商讨。他数易其稿，终于写成了一篇较好的毕业论文。此文被南昌大学评为优秀毕业论文，发表在《江西教育科研》上。他写的《蔡澄清点拨教学法的艺术美》一文，作为点拨教学研究者论文之一刊发于《语文教学通讯》初中刊 2017 年第 9 期《凝望大师》专栏。

十几年来，余勇超潜心学习、实践、推广点拨教学法，他以点拨教学思想为指导进行了一系列教学实验，取得了一些教研成果，在当地有一定的影响，并逐步成长为一名深受学生喜爱的优秀语文教师。他先后主持完成有关点拨教学教改实验的省级课题一项，市级课题两项；现在他正主持一项省级课题的研究，已取得一些阶段性成果。

余勇超拜访蔡澄清

徐：许多蒙您指导的青年教师谈到，您不仅是他们学业方面的导师，而且是他们生活上的导师，您可否谈谈这方面的情况？

蔡：培养青年教师是一项系统工程，关涉多方面。我培养青年教师力求多角度着力，追求促进青年教师成长的综合效应。

还是以余勇超老师为例。我在与余勇超老师的交往过程中，了解到他曾长时间消沉，深陷痛苦，无法自拔，我多次写信劝慰他，引导他正确面对人生挫折，开阔心胸，奋发有为。精诚所至，金石为开，他终于振作起来，积极投身于教育教学研究中。他在给我的来信中常说我给了他父亲般的关怀。我知道，一名乡村教师长期坚持教学科研本就困难重重，而他又有家庭特殊情况，我想给他更多的指导和关爱，无奈年事渐高，心有余而力不足。后来，我建议余勇超拜陈军等老师为师，嘱托他们多多帮扶他。近年来，余勇超进步较快，先后被评为上饶市学科带头人和江西省骨干教师。我鼓励他以更开阔的视野进行教育教学研究，适时广泛吸纳各种先进的教学思想，拓展点拨教学研究的广度与深度。

2018 年 12 月上海"于漪教育思想研讨会"召开，余勇超老师应邀参会并在第三分论坛做了专题发言。他撰写的《四维融通：人民教育家的立体生命——学习于漪教育思想点滴体会》一文，荣获"于漪老师教育思想研究"征文活动一等奖，在《语文学习》2018 年第 10 期上发表。

据了解，余勇超老师今后的主要研究方向与长期规划是：在常规教学实践与理论研究的基础上，结合当代脑科学知识，开展一些基于脑科学的实证性点拨教学研究，在探讨学生的心智发展机理与学习机理方面力求有所突破，夯实点拨教学的基础。

徐：杭起义老师是怎样师承点拨教学法的？请您介绍一下。

蔡：杭起义原是芜湖市第十六中学的语文老师，是芜湖市"语文点拨教学实验研究"课题组成员之一。课题组开展点拨教学活动期间，他非常活跃，既积极撰写点拨教学论文，也有点拨教案和教学实录发表。后来，他离开了芜湖，到杭州从事教育教学工作。

杭起义老师近年来研究的重点是在中学语文教学中讲“钱学”，也就是探讨如何把钱锺书先生学术思想中的一些新观念、新方法和新理论运用于语文教学。这是一个很难的课题，很有挑战性，也具有前瞻性。几年前，他编著了一本中学语文教学参考读物《〈管锥编〉选读》，近 20 万字，尚未出版。我希望他在具体操作性上做一些研究。三年后，他拿出一本约 15 万字的《在中学讲钱学》书稿给我看，这本书正是探讨如何在教学中讲“钱学”。我觉得这种在教学内容上的探索更符合新课改理念，于是我建议先在语文刊物上将文章发表出来，再争取出版。这些教改文章以《汲取“钱学”成果，创新语文教学》专栏的形式在《语文教学通讯》学术刊陆续发表，自 2018 年 7 月起至 2019 年 6 月止，为期一年，我是栏目主持人，每期文章我均予以点评。《在中学讲钱学》已由江苏凤凰教育出版社于 2019 年 10 月出版。除此之外，杭老师在《学语文》《语文学习》《教学月刊》等刊物上发表了不少教育教学论文，他是一位勤奋好学的研究型教师。

2018 年暑假期间，杭起义拜访蔡澄清

徐：作为点拨教学新生代传人，杭老师在教育教学方面的这些探索与语文点拨教学之间有什么联系呢？

蔡：这个问题提得很好。细心的读者也许会发现，杭起义老师的教学论文或教学设计中，凡是涉及教学方法，言必称点拨教学，讲“钱学”专栏里的课例更是如此。这与他曾经参加点拨教学实验研究课题组有关。他的这些课例探讨了当前语文教学中的热点问题，有两篇文章直接以“点拨教学”为标题。

我认为，他对点拨法的传承与发展是有鲜明特色的。其创新之处主要有三点：一是教学观念上的创新，他的课例倡导钱锺书提出的“打通”说，提倡将中外作品、不同学科、不同文体融会贯通，并实现由课内向课外的拓展。二是教学内容上的创新，将“钱学”引入语文课堂教学，尝试从语言运用、思维创新、阅读鉴赏和文化传承等方面进行变革，推陈出新。三是教学方法上的创新，课例在点拨教学法运用上可谓是“小大由之”。有某一教学环节上的点拨，也有某一课文整体设计上的点拨，还有“整本书阅读”上的点拨。他实际上也探讨了运用点拨法将学术理念与教学实践联系起来，为二者之间的沟通架起了一座桥梁。

徐：杭老师今后在点拨教学研究方面有没有大致方向或重点规划呢？

蔡：在我与他面谈和来往书信中，他恰好谈到他的专业规划与发展。我在《语文点拨教学理论体系的新发展》一文中，为研究点拨教学在新时代的新发展提出了四条建议：一是发掘、演绎、传扬、发展传统教育理论中的点拨教学因素，二是把点拨教学融入素质教育中作进一步的理论探讨，三是逐步扩大点拨教学适用范围，四是不断增强点拨教学的生命力。据此，他得到启示，初步明确了他将来的研习方向：一是探讨如何运用点拨教学指导“整本书阅读”，二是探究点拨教学的古典精神与现代品质。这都是很好的课题，需要多读书，多下点功夫。

徐：20 世纪 80 年代，除了您的“点拨法”，我国还陆续出现了宁鸿彬的“教读式”、钱梦龙的“导读法”、于漪的“情感教学”和魏书生的“自学辅导式”等教学模式，请您简要谈谈这方面的情况。

蔡：你刚提到的那些教学流派或教学模式，都是在特定的历史时期涌现出的教育教学改革成果，其共同的特点是突破传统的教学模式，对课堂结构进行大胆改革，在教学实践中取得了巨大的成功，在提高学生的语文学习能力以及转变教师的教育教学观念等方面是功不可没的。

当下，不少学者以各种视角、不同研究方法关注语文教育教学的各个流派或模式，并对此进行比较分析，汲取各个流派所长。宁鸿彬、于漪、钱梦龙、魏书生等语文教育家的思想和实践，为我国当代语文教育教学理论宝库做出了卓越贡献，值得新时期人们继续探索与实践，扬长避短，发扬光大。

徐：21 世纪以来，中学语文教学存在诸多流派或各种各样的风格、主张，如“大语文”“绿色语文”“生态语文”“诗意语文”“青春语文”“语文味”“生命语文”“本色语文”“养成教育”“正道语文”“高效语文”等，层出不穷，信息技术时代又带来“多媒体辅助教学”“翻转课堂”“微课”“空中课堂”等，纷纷活跃在语文教坛及其运用中，能否简要谈谈您对此的看法？

蔡：正如萧伯纳所言，“科学永远是不完整的。它每解决一个问题，又会产生十个问题”。语文教学尤其如此。不同的时期，不同的要求，就会出现不同的问题，当然也就会出现不同的解决问题的办法。21 世纪以来，语文教学改革中各种探索与实验不断兴起，有教学风格的，有教学流派的，也有课改实验的，有理论研究的，还有信息技术的，异彩纷呈。

这本来就是一种好现象，只有不断发展，不断创新，才能深化课改，迎来语文教育教学改革的春天。

随着时代的发展与信息科学技术的广泛运用，新的思路与创意会不断涌现。无论是教育教学理念，还是教育教学方法和手段，其发展一般来说都会越来越先进，越来越科学，其目的都是为教育教学科学化、高效化、智能化服务，为学生的成长与终身发展服务。

徐：蔡老师，在小学高年级语文教学以及其他学科教学中，可不可以尝试运用点拨教学？

蔡：记得你前两年曾问过这个问题，我当时的回答是小学一般来说暂时不可以。现在我还是这种看法，因为小学生的基础知识与认知水平都很有限，还是需要老师讲读和指导的。当然，小学高年级语文教学可以有启发、点拨，但不能作为主要教学法。我对“中学语文点拨教学法”的学段定位，也基于这一点来考虑。至于中学其他学科，倒是可以探索运用点拨法的，尤其是历史、政治等文科，我也已经看到物理等理科的老师们发表的运用点拨教学的相关教学论文案例。至于高校教学，通常则应以研究性为主。当然，所有这些也都是可以探索的。

徐：山西大学教育科学院刘庆昌教授在《从教者的三重境界——教者、教育者、教育家》一文中，论述了教育家的教育精神与教育智慧。他指出：“一个有实践、有素质、有创造、有成就、有影响的教育工作者就是教育家。”他把“教育家”分为“行政型教育家”“管理型教育家”和“教学、教育型教育家”三大类型，并指出“教学、教育型教育家”最为难得。在我看来，您当属于语文“教学、教育型教育家”这一类型。请结合您的经历，简要谈谈您对这些话的理解。

蔡：刘庆昌教授对“教者”“教育者”“教育家”的三重境界予以阐述，并对“教育家”的要求和标准进行了论述，这是目前学术界不多见的观点。

我毕生的教育教学经历，基本上印证了这样几步。我这一生，一直站讲台，努力进行教改实验和探索，任学校行政管理职务后，我并没有脱离课堂教学第一线，即使在延迟退休的五年里，我也教高中选修课，一直主持设计与指导教改实验和教科研工作，在创建点拨法及其发展上跨出了一步，在新世纪又形成了“点拨—创新”模式。我的一生中有多次改行机会，但为了点拨法教改实验、为了学生，我不为所动。因此，我时常以“老黄牛”自喻，“不用扬鞭自奋蹄”，一步一个脚印，不断向更高层次努力。刘庆昌教授所言的从“教者”走向“教育者”，最后朝“教学、教育型教育家”这一更高境界迈进，应该成为有理想、有追求的“教者”努力的方向，也正是我这一生不断追求的目标。

寄语青年教师

徐：20 多年前，顾黄初教授关于点拨法“继续发展”的论说，具有前瞻性，也颇具战略性。您是如何看待这个论说的？

蔡：顾黄初教授早在《继承与创新相结合的可贵探索——学习蔡澄清中学语文点拨教学法》一文中说：“点拨法的深化、扩大，需要有一批矢志不渝的年轻同志的热心参与。蔡先生在这一点上是幸运的，他在培养青年教师方面心血没有白费。他指导、培养出了像陈军这样的一批优秀的后继者。我常想，著名的特级教师一个个年事渐高，他们的事业谁来继承？他们的教学艺术谁来继续发展？我与相当多的著名特级教师有交往，我深深体味到他们的成就尽管在国内产生过广泛影响，但到晚年他们中的有些人内心是颇为寂寞的。蔡先生我估计不会有这种后继乏人的寂寞之感，所以我说他是幸运的。这不是他个人的事，实在是我们国家整个语文教育事业继续发展的大事。因为蔡先生的点拨教学法，是继承和创新相结合的产物，是我们开创有中国特色语文教育新体系的一个极有价值的开端。”（《中学语文教学》1998 年第 7 期）

任何一种学问都需要不断传承与发展，需要发扬光大，更需要年轻人来践行。顾黄初教授站在语文教育事业可持续发展的高度所提出的传承与发展论题的确值得我们老一代语文人思考。

作为点拨法的创建人，我发现，自从点拨法创立之后，的的确确出现了很多践行与研究点拨法的人员、队伍。其中主要的一条线是践行点拨法的一线教师队伍，他们是点拨教学的实践者兼研究者，他们同时取得大量的教科研成果；同时存在另一条线，是一些研究点拨法的专家学者和相关机构，包括全国中语会、中央教科所以及高校教授、省市县专业教科研人员等，他们既有分散的研究，也有少数比较系统的研究。一线教师的践行与专业人员的研究相辅相成，互为促进，共同推进了点拨法的传承、发展与创新。

在这里，我想从历史与现实的角度出发，结合我自己的经历与青年老师们的践行、传承情况，做一个大致的思考与划分。

“重在点拨”是 20 世纪 80 年代初我提出和建构的，第一代传承人当然属于我们那个时代的老一辈教师，其中周凤生老师是我的主要助手，包括芜湖一中早期与我一起参与教改实验和点拨教学研究的教师，他们大部分已退休或接近退休了。这一时期的特点是在课堂实践中摸索，在教改实验中改进，在继承中创新，我们终于走出了一条“点拨教学”之路。这一时期可谓点拨法的首创阶段。

第二代传承人以三个老师为代表。第一个是陈军老师，他是为首的也是主要的代表，同时也是我的合作者，他做出了重要贡献；第二个是孔立新老师，他是教研员队伍的主要代表；第三个当推你，你早年就参加我的点拨教学实验，系统深入地学习研究点拨法，发表了不少教研论文。同时，第二代传承人也包括全国各地践行点拨教学与研究并做出贡献的一大批佼佼者，包括 20 世纪 80 年代至 90 年代末就一直参与点拨法实验与研究的老师，目前他们仍然活跃在中语教坛上。这个时期，点多面广，参与者众，成果较为丰硕，是点拨法发展、完善与理论提升期，也堪称点拨教学实验、研究与推广的鼎盛期，是“传承与合作”阶段。

第三代传承人当然是年轻人了，他们于 2000 年前后开始参与。目前，我认为可以确定的代表也是三个人，分别是程丽华老师、杭起义老师、余勇超老师，他们是安徽、浙江、江西三省的主要代表。第三代传承人也包括目前正在加入点拨法践行与研究的许多青年老师。这一代传承人有个共同的特点，他们年轻有为，富有活力，专业基础较好，学识水平较高，敢于大胆实践与不断创新，是未来希望之所在。这些中青年教师肩负民族与历史的重任，任重道远，既是点拨教学实验和创新研究的希望之星，也是未来不断开创我国语文教育教学事业的希望所在。这一阶段可以称为“传承与发展创新”阶段。

这三个阶段或“三代”的说法，应该是符合历史与现实的实际的。我想，老中青三结合，注重传帮带，大家都来更好地示范引领，对深化语文教育教学事业的发展，会发挥更大的作用。但这只是一个初论，将来大家可以更具体深入地探讨和研究。

徐：您一直虚怀若谷，奖掖后学，为青年教师指点迷津。从您的介绍中可知，程丽华老师力求上进，身处点拨法发祥地，可接受嫡传亲授；杭起义老师善于思索，努力治学，富于创新；余勇超老师勤于学习，攻坚克难，有望突破。这些老师奋发有为，“点拨—创新”之路前景美好，点拨教学思想也一定会得到更好的传承与长足的发展。

对刚入职的青年语文教师，您也寄托了殷切希望。那么他们如何快捷地进行点拨法教学实践以切实提高课堂教学艺术水平呢？

蔡：点拨教学法是在继承中国语文教育优秀传统的基础上结合时代需要有所创新的产物，它的发展历程就是一个不断创新、稳步拓展、日益完善的过程。我希望从事点拨教学实践与研究的青年教师锐意进取，勇于开拓创新，使点拨教学法更加完善，更有效地发挥综合育人功能。

中青年教师可以稳步、扎实、有序、科学地推进点拨教学的拓展研究，由语文点拨教学的研究向其他学科点拨教学的研究拓展，由点拨教学“教师的点拨”的研究向点拨教学“学生的自我点拨、相互点拨”的研究拓展，由点拨教学教学论的研究向点拨教学教育学的研究拓展，等等。

刚入职的青年语文教师如何快捷地进行点拨教学实践与研究？对此，我想简单地提几点建议。

一是学点理论。要搞教学研究，就得有理论指导；要研究点拨教学，就得懂点哲学、教育学、心理学，懂点文艺学、语言学等有关知识，这都与语文教学密切相关。我们特别提倡青年教师学习“三老”（叶圣陶先生、吕叔湘先生、张志公先生）以及中外有关教育名家的语文教育思想，学习教育部《义务教育语文课程标准》和《普通高中语文课程标准》，学习现代信息教育技术及应用知识，学习学科核心素养的知识，用以指导我们的教育教学和科研。

二是搞点实验。实践点拨教学是一种改革，改革就得进行科学实验。实验是改革实践，也是教育科研。通过实验，我们可以结合点拨教学实践，进行分析比较，探索途径，积累经验，总结教训，这既有利于改进教学，自己的业务水平和科研能力也能锻炼和提高。希望有更多的青年教师们投入到新时期点拨法教学实验与研究中来。

三是写点论文。改革、实验，都得进行研究，进行总结；总结、研究，就得写点教研文章。只有这样，才能总结教训，积累经验；才能有所发明，有所创造，有所前进。搞点拨教学研究，也是如此。我提倡大家写文章，就是让实践经验上升到理论高度。写文章，就要对实践进行分析和概括，把感性材料上升为理性认识，从理论高度进行论述。

刚走上中学语文教学岗位的年轻教师可以多向前辈及中青年教师虚心学习，有名师指点与专家引路，大家携手并进，可以少走许多弯路，这也是一条有效途径。

徐：请您指导一下，青年教师如何写作与发表教学论文？

蔡：青年教师要善于总结经验教训，发现课堂教学中有益的东西，并及时记录下来，及时整理出来，撰写成教学论文，按照刊物的栏目及时投稿。现在报刊如林，栏目也很多，有理论探究、专题研讨，更多的是教学设计、课堂实录、教材解读、案例点评，还有说课稿、教学反思，还涉及信息技术在语文课堂教学中的运用、班主任管理等，可以说，只要善于发现与思考，勤于积累与写作，就一定能撰写出有质量的教学论文。

有质量的论文，一般具有时代性、普遍性，或具有前瞻性、创新性，是从教师自己的教育教学实践中产生的，是从教师自己的课堂中激发的，是发现问题、提出问题、解决问题的综合的论述。它绝不是人云亦云、复制粘贴的，它是可以不断修改、补充完善和发展的。

细心的老师还可以长期专注于某一个教研专题，用科学的理论指导自己的实践，再把自己的教育教学实践中的经验上升为理论，久而久之，就可以结出丰硕的成果。

老师撰写的论文若在中文核心期刊发表，或发表后被中国人民大学书报资料中心的系列刊物全文转载或摘要索引，都会被学界认为是学术质量较高的体现。

另外，希望青年教师们充分发挥自己的教育教学智慧，及早准备，注重自己的教学成果的原创性，切勿弄虚作假。

徐：提到这个话题，我想起有个老师说过“三靠”，大意是要想在校内立足，首先要靠考试成绩；要想在当地有一点名气，要靠上得一堂好课；要想在全国有一定影响，那就得靠发表高质量的教学论文了。您怎么看待这种现象？

蔡：这话说得很现实、很直接，我觉得有点道理。考试成绩作为客观反映教学质量最现实、最直接的数据，重要性自然不言而喻。考试成绩虽然与学生的终身核心素养的发展存在一定的联系，但仅凭某次考试成绩论英雄，评价则不够准确。能否上得一堂好课，的确是检验一个教师教育教学基本功的重要一环，因为教师要天天上课，要常教常新，要不断改革，锐意进取，上得了常规课，拿得出优质课，更可展示示范课。如果教师们能够在各种赛课上一展身手，定能崭露头角，课堂教学艺术水平也会不断提高。再说撰写与发表高质量的论文，那更是理论与实践的结晶，是写作选题与有效表达的有机结合。因此，青年教师在这几个方面有所追求，有所发展，的确是一件好事，但如果过于强调出名，沽名钓誉，那就不值得提倡了。

徐：目前有不少青年教师希望申报各级教科研课题，请您予以简要指导。

蔡：目前青年教师申报教科研课题，要从小课题入手，逐级申报；课题组成员要团结合作，密切协调，身先士卒，大家齐心协力，积极开展实验与研究探索。要学会从语文教学改革的高度，从课堂问题入手，分析问题，解决问题，要真正起到改革与促进作用，而不仅仅是走过场，凑热闹。也可以先加入已申报的课题组，学习积累经验，然后再力争自己申报主持教科研课题。其目的都是在教科研课题的实践与研究中不断提升自己，丰富自己，实现专业化成长。

徐：您不仅以点拨法丰富了教育理论宝库，而且始终注重传帮带，您真的是青年教师的指路人。请对点拨法予以概括，给青年教师提几句寄语。

蔡：点拨法古老而又年轻，传统而又现代，科学而又艺术，是个不会过时、不会消亡的教科研项目，是个永远存在的话题与教育教学方法，生命力极为强大。我相信，它会随着历史的前进与时代的发展而历久弥新！

将“青出于蓝而胜于蓝”“芳林新叶催陈叶，流水前波让后波”“长江后浪推前浪”“后来者居上”这些话用在中青年教师的身上，应该说是非常合适的。年轻人的确如同早晨八九点钟的太阳，正在冉冉升起，富有朝气与活力。中青年教师是教育教学事业的希望所在，更是中华民族伟大复兴的希望所在！

参考文献

［1］蔡澄清．鲁迅作品教学浅谈［M］．合肥：安徽人民出版社，1979.

［2］蔡澄清，陈军．积累・思考・表达——写作能力的培养［M］．北京：语文出版社，1990.

［3］蔡澄清，陈军．语文教学点拨艺术丛谈［M］．天津：天津人民出版社，1996.

［4］蔡澄清，陈军，张鹏举．蔡澄清中学语文点拨教学法［M］．济南：山东教育出版社，1997.

［5］蔡澄清．中学语文点拨教学法［M］．北京：人民教育出版社，2004.

［6］蔡澄清．我的语文教学观与方法论［M］．芜湖：安徽师范大学出版社，2010.

［7］蔡澄清，陈军．青年语文教师成长之路［M］．上海：上海教育出版社，2013.

［8］廖理南．宿松古今纵览［M］．文史知识出版社，2009.

［9］宿松县地方志编纂委员会．宿松县志（1978—2002）：下册［M］．合肥：黄山书社，2011.

［10］毛礼锐，瞿菊农，邵鹤亭．中国古代教育史［M］．北京：人民教育出版社，1979.

［11］张蕾，林雨风．中国语文人：第一卷［M］．北京：首都师范大学出版社，2010.

［12］中国教育学会中学语文教学专业委员会．春风化雨三十年：中国教育学会中学语文教学专业委员会成立30周年纪念文集［M］．北京：首都师范大学出

版社，2009.

[13] 中国教育学会中学语文教学专业委员会 . 我和中语会 [M] . 北京：人民教育出版社，2018.

[14] 程丽华 . 语文点拨教学法的创建、传承与发展 [M] . 合肥：安徽教育出版社，2019.

附录

附录 1　蔡澄清简明年谱

1934 年　出生

7 月 22 日，出生于安徽省宿松县凉亭镇蔡屋村。是年大旱。乳名莲生，谱名坤文。

1940—1942 年　6—8 岁

在家乡读私塾。

1943—1944 年　9—10 岁

随父亲到凉亭镇蔡回东中药店并读私塾，后在凉亭河小学插班就读五年级。

1945—1948 年　11—14 岁

1945 年秋季到宿松中学读初一。

1946 年秋读初二。10 月后，因战事临近而停学，辍学回家，跟随父亲干农活；冬季随父亲到长江同马大堤兴修江堤近两个月。

1947 年春，父亲组织开办中级班私塾，邀请塾师胡旭东执教，就读一年。

1948 年，宿松许岭镇高家田铺村蔡氏宗祠开办高级班乡塾，蔡光九执教，就读一年。

1949 年　15 岁

随蔡光九老师转到许岭镇私塾就读一年，年底辍学回家。

1950 年　16 岁

冬季，报考安庆师范学校并被录取。

1951—1953 年　17—19 岁

在安庆师范学校读书，期间担任学习委员、学生会副主席、班长。多篇谈及从教理想的文章发表于《安徽日报》《中国青年》《语文知识》。1953 年冬，成为安庆师范学校首届毕业生。

1954 年　20 岁

2—7 月，被保送到安徽省中学教师研究班，任语文班班长，学习半年结业。提交入党申请书。

8 月，分配到安徽省芜湖市第一中学任语文教师，教初一两个班的语文课。

1955 年　21 岁

汉语、文学分科教学改革，首次执教此项教改实验。课余做《中学语文基础知识问答》笔记几十万字，后在《安徽教育》等刊物陆续发表。

1956 年　22 岁

继续进行分科教改实验。

参加芜湖市夜大学政治系学习，经过四年学习，正式毕业，获大学学历。

发表论文《〈杜甫〉作家介绍》(《语文学习》1956 年第 11 期)。在《芜湖大众》《安徽日报》等报刊发表文学作品。

12 月，成为中共预备党员。

1957 年　23 岁

教完第一届初中班。

1958 年　24 岁

承担高中二年制文理分科的改革实验任务，教文科班语文课并兼任班主任。因病改教理科班的语文兼任副班主任。两个实验班学生参加高考取得优异成绩。

参加华东师大中文系函授进修，学习了五年。

教学之余，带领学生参加劳动途中肺病发作，住院治疗三个月，出院后继续工作。

发表论文《不要忽视〈文学〉课本的“练习”》(《语文教学》1958 年第 5 期)。

1959 年　25 岁

继续高中二年制文理分科实验。

1960 年　26 岁

开始执教一轮普通三年制高中语文。

父亲蔡志成因病去世，享年 52 岁。祖母、弟弟相继因病去世。

周凤生在芜湖师范学校文科班学成毕业，分配到芜湖十三中教语文。是年，与周凤生结婚。

1961 年　27 岁

继续高中语文教学。

1962 年　28 岁

接任学校语文教研组组长。

1963 年　29 岁

华东师大中文系毕业，获大学学历。

秋季，执教中学五年一贯制教改实验班，带领两位新入职老师一起实验。

1964 年　30 岁

4 月，女儿蔡雯出生。

秋季，五年一贯制实验班升入中二年级。

语文教研组被评为芜湖市先进集体，参加芜湖市先进集体和先进生产者代表大会。

1965 年　31 岁

秋季，继续教五年一贯制中三（2）班实验班。

1966 年　32 岁

夏季，“文化大革命”开始，五年一贯制实验夭折。

5 月，长子蔡骐出生。

1968 年　34 岁

肺结核复发，住院治疗数月，医院下发病危通知书。经过治疗和休养，重回讲台。

1969 年　35 岁

芜湖一中随“上山下乡”运动一分为三，下迁到宣城的向阳、乌山、水东三个农村乡镇办学，原校无法正常教学，原校址办了一所“东方红中学”分校。蔡澄清因病未下放。

1970 年　36 岁

学校复课，在“东方红中学”执教语文课，恢复为语文教研组组长。

1971 年　37 岁

“东方红中学”分校更名恢复为“芜湖一中”。下放宣城的教师们纷纷调回原校执教。

1972 年　38 岁

执教高中语文课，并把自己积累的《介绍几个常见文言虚词》《常见文言句法特点例释》等教学资料印成书面材料，给语文组教师做辅导培训参考资料，后陆续发表于报刊。

7 月 25 日，次子蔡倜出生。

1973—1974 年　39—40 岁

继续执教高中语文。

1975 年　41 岁

8 月，被抽调参加《汉语大词典》安徽编写组工作。赴上海参加编写组会议。

1976 年　42 岁

研究鲁迅作品教学的部分论文在《安徽教育》等杂志发表。

1977 年　43 岁

9 月，赴青岛参加华东五省一市《汉语大词典》编写会议，并代表安徽组做《关于大词典条目收录的几个问题》专题汇报。

1978 年　44 岁

9 月，赴黄山参加华东五省一市《汉语大词典》编写会议。

任安徽省政协第五届委员。

1979 年　45 岁

4 月，离开《汉语大词典》编写组，重回芜湖一中，任教半年初三语文。

5 月，被市教育局任命为芜湖一中教导处副主任。

出版专著《鲁迅作品教学浅谈》。

9 月，执教高一语文。

12 月 25 日至 31 日，全国中语会在上海成立并召开第一次年会，作为安徽省唯一正式代表参加会议并当选为理事会理事，同时提交论文《语文课要注重把知识转化为能力》(《语文教学研究》第一辑)。

1979—1985 年，先后主持设计并进行了芜湖一中三轮语文、两轮数学、一轮英语的教学改革实验。实验总结报告分别获全国奖项与省级奖项，收入全国性论文集或在各报刊发表。

获评为芜湖市劳动模范。

1980 年　46 岁

1 月 16 日，芜湖市教育学会成立，任副秘书长、副会长。

2 月，获安徽省人民政府授予劳动模范称号。

9 月，获评为安徽省首批中学语文特级教师。

秋季，执教高三语文课，主持并执教初中语文年段分科教学实验课程，至 1983 年夏结束，之后与周凤生老师共同执教。

11 月 8 日至 18 日，应邀参加在北京召开的全国中学语文教材编写改革讨论会。

12 月 16 日，安徽省中语会在巢湖市召开成立大会暨第一届学术年会，当选为第一副会长，做《中学语文教学改革的现状和发展趋势》主题报告。

1981 年　47 岁

10 月 28 日至 11 月 4 日，在福州市参加全国中语会第二届年会，任理事，提交论文《积累·思考·表达——写作能力培养三题》，其教学理念简称为“写作训练三部曲”。

1982 年　48 岁

2 月，发表重点论文《重在点拨》(《语文教学通讯》第 2 期《封面人物》栏目)，标志着“中学语文点拨教学法”的创立。

4 月 9 日，《光明日报》在《教育文萃提要》栏目转摘《重在点拨》论文要点。

担任安徽省第六届政协委员(一届五年)。

1983 年　49 岁

1 月 21 日，芜湖市中学语文教研会成立，历任副会长、学术委员会副主任、名誉会长。

年段分科课程经过三年实验，学生们经市中考和用同年全国高考统一试题测试，均取得佳绩。

11 月 27 日至 12 月 2 日，在北京参加全国中语会第三届年会，任理事，提交论文《作文教学科学化实验总结》。

1984 年　50 岁

4 月，参加省中语会在屯溪召开的第二届年会。

被任命为芜湖一中主管教学和科研的副校长，兼教高中语文课。

把学校教导处一分为三，分为政教处、教务处、教科室，三方齐抓共管，被省教育厅作为先进经验向全省重点中学通报并推广。

加入全国农村语文教学研究中心，担任副理事长与学术委员。

1985 年　51 岁

加入全国中语会课堂教学研究中心，连任五届理事与学术委员。

长子蔡骐被复旦大学历史系免试录取。

1986 年　52 岁

10 月 20 日至 25 日，在西安市参加全国中语会理事会，应邀做学术报告。

论文《重在点拨》收入《红烛集》(希望出版社出版)。

6 月，主编《全国语文特级教师教学经验选》(安徽教育出版社出版)。

1987 年　53 岁

芜湖一中校级领导班子改革，继续担任业务副校长，兼教高中语文课。

12 月 20 日至 24 日，在广州参加全国中语会第四届年会，任学术委员，提交重新撰写的论文《重在点拨》，该论文后收入年会论文集《语文教学改革新成果选粹(全国中学语文教学研究会第四次年会论文集)》；并提交论文《语文教学点拨法新探》(与陈军合撰)。

1988 年　54 岁

2 月，任安徽省第七届人大代表(一届任期为五年)。

9 月，获安徽省人民政府授予“有突出贡献的中青年科学、技术、管理专家”称号。

9 月，创办芜湖市青年教师中学语文讲习所，任所长兼主讲。共举办五期，每期两年，活动长达十余年，培养出不少青年名师。

推进全校教改及编写选修课校本教材等工作。

1989 年　55 岁

获评为全国优秀教师。

肺病复发，住院治疗一个月后返校。

次子蔡倜被复旦大学生物化学系录取。

1990 年　56 岁

2 月，主编《全国著名重点中学师生各科学习方法纵横谈》（广西师范大学出版社出版）。

与陈军合著《积累·思考·表达——写作能力的培养》（语文出版社出版）。提出“写作训练三部曲”理论。

1991 年　57 岁

春季，支持安徽省青语会筹建启动工作。

5 月，主编《师德修养讲话》，之后印发给全市中小学教师阅读。

参编《语文教学方法论》（与陈军合撰论文《点燃主动探求知识与发展能力的引爆剂——语文教学“点拨法”新探》被收入，北京出版社出版）。

1992 年　58 岁

4 月 30 日，母亲张寿英病逝，享年 81 岁，返乡奔丧。

12 月 17 日，芜湖市教育学会芜湖一中分会成立，任副会长。

1993 年　59 岁

任安徽省第八届人大代表（一届五年）。

主编《中学阅读训练举隅》（安徽教育出版社出版）。

1994 年　60 岁

5 月，创作芜湖一中校歌歌词，被谱曲传唱。

7 月，延迟五年退休，继续担任副校长，分管教改实验、教育科研、培养青年教师等工作。主持、设计、实施全校“开设选修课，实行学分制”教改实验。

1995 年　61 岁

8 月 15 日至 18 日，全国青年语文教师联谊会在山东泰安召开成立大会，与于漪、陈金明被聘为顾问。

10 月 21 日，在四川成都参加全国中语会第六届年会。

享受国务院颁发的特殊专家津贴。

1996 年　62 岁

论文《对语文教育科学化问题的几点探讨》收入《中国著名特级教师教学思想录・中学语文卷》(江苏教育出版社出版)。

与陈军合著《语文教学点拨艺术丛谈》(天津人民出版社出版)。

11 月，与周凤生、陈军合著《教会你观察和作文》(天津教育出版社出版)。

发表论文《谈语文点拨教学法的理论基础和实际运用》(《课程・教材・教法》1996 年第 12 期)。

1996—1999 年，主持和组织新一轮群体教改实验“语文点拨教学实验研究”(安徽省“九五”教育科研重点课题)。

为学校设计制定《学生素质综合考评手册》，学生人手一册，建立学生考评档案，取代当时使用的“学生学习成绩报告单”，被予以推广。

主持和组织“芜湖一中青年教师培养工程”计划。

创建“点拨—创新”模式，设置“三阶”“五步”点拨教学模式。

1997 年　63 岁

3 月 17 日，开办芜湖市第四期中学语文教师讲习所，进行“说课”评优活动。

4 月，指导的肖家芸、曾鸣、胡寅初、牟靖四位青年语文教师获省首批“教坛新星”称号。

5 月，参加全国中语会课堂教学研究中心在庐山召开的学术年会，做《关于语文点拨教学的几个问题——答青年教师问》报告。

9 月，与陈军、张鹏举合著《蔡澄清中学语文点拨教学法》（山东教育出版社出版）。

发表论文《简论语文点拨教学法的要义与操作》（《课程·教材·教法》1997 年第 12 期）。

以芜湖市辖区及市属三县（芜湖、南陵、繁昌）为教改基地，组织并指导几十所中学的语文教师开展点拨教改实验。

1998 年　64 岁

从 1998 年开始，在《中学语文教学参考》月刊第 1 期开辟《语文点拨教学实验研究》专栏（直到 1999 年第 3 期），共发表论文 30 多篇。蔡澄清撰写开栏文章，张定远撰写总结论文。

8 月 17 日至 21 日，全国中语专委会、安徽省教委教科所、芜湖市教委在芜湖召开全国语文点拨教学研讨会，在会上做《论语文点拨教学法的中国特色与创新型人才的培养》主题报告。

撰写芜湖一中校本教材《“一史三风”教育读本》，师生人手一册。

1999 年　65 岁

1 月 26 日，全国中语会批复点拨教学研究中心成立。担任主任。

8 月，“语文点拨教学实验研究”课题评审推广暨学术报告会在芜湖召开。全国中语会理事长张鸿苓教授和秘书长陈金明教授等做专题学术报告。全国各地专家、教师代表 500 人与会。经过检查、评估、验收，课题正式结题。

10 月 26 日至 10 月 30 日，在天津参加全国中语会第七届年会，提交论文《建立“点拨—创新”教学模式》，并在大会上发言，后该论文收入年会论文集，并以“构建中学语文教学的‘点拨—创新’模式”为题分别在《学语文》和《中学语文》发表。

12 月底，正式退休离岗。

2000 年　66 岁

“点拨法”结题有关论文和专题报道在《中学语文教学》2000 年第 2 期辟专栏发表。

2001 年　67 岁

2 月，执教“初中语文年段分科”教学实验的总结报告《年段分科教学实验简述》收入《新中国中学语文教育大典》第四卷（语文出版社出版）。

4 月，著《蔡澄清：点拨教学法》（湖北教育出版社出版）。

2002 年　68 岁

主编《中国中学生作文训练点拨示范大全》（山西教育出版社出版）。

2003 年　69 岁

主编《中国中学生阅读训练点拨示范大全》（山西教育出版社出版）。

2004 年　70 岁

撰写编印《养正斋诗文杂抄》个人文集。

9 月，著《中学语文点拨教学法》（教育部特级教师计划“中国特级教师文库”丛书，人民教育出版社出版），为点拨法研究集大成之作。

2008 年　74 岁

12 月，获评为芜湖市“改革开放三十年”十大优秀人物之一。

发表《征路漫漫兮务实求真》（《中学语文教学》2008 年第 8 期）。

2009 年　75 岁

发表长篇论文《在传承与创新之路上求索》（后收入《中国语文人》第一卷，首都师范大学出版社出版，2010 年 6 月）。

发表论文《再说“语文能力训练‘三部曲’”》（全国中语会“新时期

语文教学发展 30 年”主题征文)，后发表于《学语文》2011 年第 1 期。

发表论文《点拨教学研究之历史回顾》(收入《春风化雨三十年——中国教育学会中学语文教学专业委员会成立 30 周年纪念文集》，首都师范大学出版社出版)。

2010 年　76 岁

4 月 12 日，庆祝中国教育学会中学语文教学专业委员会成立 30 周年座谈会暨“中学语文终身成就奖”颁奖大会在北京召开。获“全国中学语文终身成就奖”。

8 月，著《我的语文教学观与方法论》(安徽师范大学出版社出版)。

2013 年　79 岁

10 月，与陈军合著《青年语文教师成长之路》(上海教育出版社出版)。

12 月，参与芜湖一中有关“点拨教学”省课题开题仪式。芜湖一中和市中语界朋友庆祝蔡澄清从教六十年暨八十寿诞。

2017 年　83 岁

入选《语文教学通讯》初中刊第 9 期《凝望大师》专栏人物，栏目主持人李华平教授发表论文《蔡澄清：语文点拨教学法的创立者》，同栏刊发拙文《语文点拨教学理论体系的新发展》以及多篇点拨法研究者的论文。

2018 年　84 岁

入选《语文教学通讯》学术刊 2018 年第 7 期“封面人物”，并主持《在中学讲“钱学”》专栏一年，评荐推出杭起义老师系列研究论文。该栏目被评为 2018 年度语文报社“优秀专栏”。

2019 年　85 岁

11 月，程丽华选编、蔡澄清审订的《语文点拨教学法的创建、传承与发展》由安徽教育出版社出版。

2020 年　86 岁

居家休养。

附录 2　蔡澄清主要论著

一、专著

书　名	出版单位	出版时间
鲁迅作品教学浅谈	安徽人民出版社	1979 年
积累・思考・表达——写作能力的培养	语文出版社	1990 年
语文教学点拨艺术丛谈	天津人民出版社	1996 年
蔡澄清中学语文点拨教学法	山东教育出版社	1997 年
中学语文点拨教学法	人民教育出版社	2004 年
我的语文教学观与方法论	安徽师范大学出版社	2010 年
青年语文教师成长之路	上海教育出版社	2013 年

二、主编

书　名	出版单位	出版时间
全国语文特级教师教学经验选	安徽教育出版社	1986 年
全国著名重点中学师生各科学习方法纵横谈	广西师范大学出版社	1990 年
中学阅读训练举隅	安徽教育出版社	1993 年
教会你观察和作文	天津教育出版社	1996 年
中学生作文集成（初中）	文汇出版社	1999 年

续表

书　名	出版单位	出版时间
初中生作文观察辞典	上海人民出版社	2000 年
中国中学生作文训练点拨示范大全	山西教育出版社	2002 年
中国中学生阅读训练点拨示范大全	山西教育出版社	2003 年
观察作文一本通	文心出版社	2007 年

三、参编

书　名	出版单位	出版时间
汉语大词典	汉语大词典出版社	1991 年
语文教学方法论	北京出版社	1991 年
学生辞海（初中卷）	南京大学出版社	1992 年
中国著名特级教师教学思想录（中学语文卷）	江苏教育出版社	1996 年
基础教育现代化教学基本功（中学语文卷）	首都师范大学出版社	1997 年
中国高中生作文示范大全	山西教育出版社	1999 年
新中国中学语文教育大典	语文出版社	2001 年
中国小学生日记示范大全	山西教育出版社	1999 年
中国语文人（第一卷）	首都师范大学出版社	2010 年

附录 3　蔡澄清语文教育思想经典摘录

◎点拨教学不仅体现为教师点拨学生，而且可以是学生点拨学生，甚至学生也可以点拨教师。

◎教育行为，是一种精神力量的表现。要当一名优秀的语文教师，最重要的是有一种崇高感、使命感、责任感和义务感。

◎教学之路无他，求其善导而已矣！善导者，相机诱导，适时点拨也。点拨者，“道而弗牵，强而弗抑，开而弗达”（《礼记·学记》），举一隅而以三隅反也。

◎点拨云何？点者，点要害，抓重点也；拨者，拨疑难，排障碍也。既点且拨，导引学者自求而顿悟也。

◎点拨有“法”而无“模式”。点拨之法，求其灵活、实用、高效而已矣！

◎研究学问，离不开“道”，离不开“术”，也离不开“学”。道，指导行为的规律；术，操作行为的方法；学，揭示“道”的本质并指导具体操作的理论。一般来说，三者的研究顺序是由“术”而“学”，由“学”而“道”。长期研究并在局部领域有所突破的人往往会打破三者的平衡，将三者的内容交叉错杂。真正的语文教学理论，应该是“道”“术”“学”三者的有机统一。

◎积累、思考、表达，是学好语文的必由之路。积累，不仅是指阅读量的积累，还包括生活的积累、人生经验的积累。思考是理性的，又是感性的，不仅需要分析、综合、概括、理解，更需要用心灵走进心灵，用心灵感悟世界。咀嚼、领悟、品味是思考的基础，是学好语文最佳的舟楫。表达，不是重复别人的思想，而是独具灵性地抒发，是才华的展现，是个性的张扬，是创新的起点，是创造的开始。

◎语文教改向何处去？我主张走“点拨—创新”之路。“点拨”是起点，“创新”是终点;“点拨”是方法，“创新”是目的；从“点拨”到“创新”，是一个教学过程。

◎“点拨”，作为一种教学方法，运用无模式，它应当表现为百花齐放和八仙过海，各显神通;“点拨—创新”作为一个教学过程，发展有规律，可以构建一定的模式，有章可循。“点拨—创新”教学过程是在教师的点拨引导下，学生进行语文训练，培养和发展创新能力的实践过程，是教师组织学生自学的过程。

◎在“点拨—创新”的教学过程中，学生主“学”：自读、自思、自述、自结、自用。教师主“教”：在学生自学中相机诱导，适时点拨——导入性点拨、研究性点拨、鉴赏性点拨、反馈性点拨、迁移性点拨。学生主“学”，要发挥主体作用；教师主教，要发挥主导作用。

◎“教”与“学”相结合，就是“知”与“行”的统一，是“教”“学”“做”合一。这也是在实践古人所说的“博学之，审问之，慎思之，明辨之，笃行之”的过程。这就是主体性教学、立体性交流、民主式教学。这就是自主、合作、探究式学习。这就革除了“先生讲，学生听”的教师单向灌输知识的弊端，实现了教学的科学化与民主化。

◎语文是工具性与人文性的辩证统一。全面理解和正确发挥语文教育的整体功能，真正做到工具性与人文性的有机结合与和谐统一。

◎教学之道：授人以书，予人以爱，育人以德，导人以行，教人以知，启人以智。培养能力，点拨创新，坚持训练，严而有格。知行合一，诲人不倦，终其一生。吾将躬亲而践履之。

附录4　名家评价

语文教师应该既是精明的科学家，又是高超的艺术家。

（吕叔湘《全国语文特级教师教学经验选·题词》）

优化语文教学过程，革新授受传习模式。

（柳斌《蔡澄清：点拨教学法·题词》）

实践的结晶，智慧的升华。

（刘国正《语文教学点拨艺术丛谈·题词》）

先进经验不仅是果实，而且是种子，后者是更可贵的。

（刘国正《全国语文特级教师教学经验选·题词》）

点拨教学法是一种先进的教学法，在21世纪的语文教育改革中，必然大有可为，大放异彩，为语文教学的科学化、现代化、民族化发挥更大的作用。

（张鸿苓《点拨教学与21世纪语文教育》，《中学语文点拨教学法》）

点拨法是一条提高语文教学效率和质量的有效途径。

（张定远《一条提高语文教学效率和质量的正确途径——评蔡澄清点拨教学法的理论与实践》，《中学语文教学参考》1999年第3期）

语文点拨教学法，正是上世纪末我国语文教学改革实验的产物，在继承的基础上致力于创新，有助于实施素质教育、全面提高学生的语文素养，培养学生的语文实践能力和创新精神，符合语文教学改革要求和课程标准的基本理念，也必将对新一轮语文课程改革起到推进作用。

……我相信，本书的出版，有助于广大教师全面系统地了解语文点拨教学法的基本理论，掌握行之有效的点拨和指导方法，借这次课程改革的东风，把我国的语文教育改革推向前进。

（顾之川《中学语文点拨教学法·序》）

蔡澄清先生的点拨教学法，是继承和创新相结合的产物，是我们开创有中国特色语文教育新体系的一个极有价值的开端。

（顾黄初《继承与创新相结合的可贵探索——学习蔡澄清中学语文点拨教学法》，《中学语文教学》1998 年第 7 期）

蔡澄清的“点拨法”。蔡先生积 40 年语文教育之经验，以语文教育的认知、情意、操作三方面的整体功能为理论依据，以知识转化为能力的“吸收——消化——运用”的螺旋运动为基本方式，形成的“点拨法”是又一种从“教”达到“不需要教”的有效途径。

（董菊初《叶圣陶语文教育思想概论》）

蔡澄清点拨教学思想是一种先进的教学方法论。

（倪三好《一种先进的教学方法论——蔡澄清点拨教学思想探微》，《语文教学通讯》1993 年第 10 期）

蔡澄清，是“那一代”语文大家的杰出代表。他的语文教育思想深深根植在我国语文传统教育经验中，通过对“启发式”教育思想的现代转换，形成独具特色又根基深厚的“语文点拨教学法”，为构建具有中国气派的语文教育学提供了宝贵的学术资源。

20 多年前，读到先生关于“点拨”的阐释，颇有一种云开雾散的感觉。他说：“点者，点要害，抓重点也；拨者，拨疑难，排障碍也。既点且拨，导引学者自求而顿悟也。”教师之功就在“点要害，抓重点”“拨疑难，排障碍”；教师之效不在自己讲得舒服，讲得畅快，而在“导引学者自求而顿悟”。这种思想在实施新课改的今天，仍然闪耀着真理的光辉。

（李华平《蔡澄清：语文点拨教学法的创立者》，《语文教学通讯》初中刊 2017 年第 9 期）

附录5　蔡澄清教学案例精选

一、《从百草园到三味书屋》课堂实录

教师： 这篇文章前半部分着重写百草园的景物。鲁迅描写了哪些景物？是怎样描写的？表达了怎样的思想感情？请大家仔细地阅读课文，并找出那些描写性的语句，深入思考、体会，准备分析、回答和讨论问题。

（学生默读或朗读课文，各自进行思考，准备回答问题。）

教师： 文章首先描写了什么？

学生：“菜畦”“石井栏”“皂荚树”“桑椹”。

教师： 什么样的“菜畦”？

学生：“碧绿的”。

教师：“碧绿”是什么词？为什么用这个词？

学生：“碧绿”是形容词，这是从颜色上写，使人想到满畦的碧绿。

教师： 什么样的“石井栏”？

学生：“光滑的”。

教师： 用“光滑”形容石井栏有什么好处？

学生： 给人以具体的感觉，使人想到石井栏的洁净。

教师： 什么样的“皂荚树”？

学生：“高大的”。

教师：为什么用“高大的”？

学生：从形状上突出皂荚树的特点，使人想到它的枝繁叶茂。

教师：什么样的“桑椹”？

学生：“紫红的”。

教师：为什么不用“红”而用“紫红”？

学生：紫红是桑椹的颜色特征，这样写还使人由颜色想到桑椹的味道。

教师：这些描写有什么共同的特点？

学生：都是针对客观事物的各自特点写的，形象鲜明，用词准确，描述十分真切。

教师：这都是写静态事物，主要是植物。接着还写了些什么？

学生：“鸣蝉”“黄蜂”“叫天子”。

教师：“鸣蝉”在干什么？

学生：“长吟”。

教师：为什么用“长吟”？

学生：因为是“鸣”的蝉。不“鸣”的蝉，就不用“长吟”了。蝉鸣的声音是连续很长的，因此用“长吟”。

教师：什么样的“黄蜂”？

学生：“肥胖的”。

教师：“黄蜂”在哪里？

学生：“在菜花上”。

教师：怎样“在菜花上”？

学生：“伏”。

教师：为什么用“伏”？

学生：因为黄蜂“肥胖”，用“伏”字就显得贴切、生动。

教师：还有“叫天子”，是怎样的“叫天子”？

学生：“轻捷的”。

教师：“轻捷”是什么意思？

学生：就是轻快、敏捷的意思。

教师：“叫天子”是怎样的？

学生：“从草间直窜向云霄里去了”。

教师：为什么用“直窜”？

学生：因为它“轻捷”。

教师：“直窜”是什么样子？

学生：就是轻快地飞起，直冲向云霄里去了。形容飞势猛，速度快。

教师：这些描写有什么特点？

学生：这些描写都是写动态景物，形象生动，用词准确，语言简洁，显示了动态景物的特点。

教师：在这些景物描写的前面为什么用了两个“不必说”？

学生：这表示概述，不加详说。用“不必说”说明这些景物是十分有趣和可爱的，从而引出下面的重点描写。

教师：什么样的重点描写？

学生：即写“泥墙根一带”的“无限趣味”。

教师：怎么见得是重点描写？

学生：文章用“单是……就有……”来表示。

教师：这个“单是”是承接上面两个“不必说”而来，说明除上述景物之外，还有更引人入胜的东西，于是导入下文的描写。下面写的“无限趣味”是一些什么呢？

学生：“油蛉在这里低唱”，“蟋蟀们在这里弹琴”。

教师：“油蛉”真会“低唱”、“蟋蟀”真会“弹琴”吗？

学生：不会。这是一种形象化的写法。

教师：对，这是把动物当作人来写，是一种修辞手法，叫作“拟人”。这样写，就使事物人格化了，显得活泼可爱，富有感情。用“低唱”，就是人好像听到了油蛉那低回婉转的悦耳的歌声；用“弹琴”，就是人好像听到了蟋蟀那清晰悦耳的琴声。听到了这些，孩子们会感到十分快活。那“无限趣味”还有些什么？

学生：“有时会遇见蜈蚣；还有斑蝥”。

教师：“斑蝥”会怎样？

学生：“倘若用手指按住它的脊梁，便会拍的一声，从后窍喷出一阵烟雾”。

教师：这就不但写出了斑蝥的特征，还把儿童爱玩的心理写出来了。一“按”一“喷”，描写得活灵活现，有趣极了。以上着重写动态景物，下面还写了什么？

学生：还写了“何首乌藤”和“木莲藤”。

教师：它们怎么样？

学生：“缠络着”。还说“木莲有莲房一般的果实，何首乌有拥肿的根”。

教师：为什么要这么写？

学生：因为“缠络着”，不易分清，所以又写它们各自的特点，以示区别。

教师：这说明鲁迅当年做过细心的观察，否则不会写得这样清晰、准确。下面又写到拔何首乌的事，为什么要写这些？

学生：表现孩子们喜欢探索事物的秘密的特点和他们的天真幼稚。

教师：下面还写了什么？

学生：写了“覆盆子”。

教师：怎样写“覆盆子”？

学生：“像小珊瑚珠攒成的小球，又酸又甜，色味都比桑椹要好得远”。

教师：这是用什么手法写的？

学生：用比喻和比较的手法。

教师：这有什么好处？

学生：形象、具体，使人印象深刻。

教师：从思想内容上看，以上这些景物主要表现了什么？

学生：生动地描写各种景物和活动，显得百草园生机勃勃，充满活力，表现鲁迅对这些自然景物的热爱和对儿童时代快乐生活的怀恋。

教师：还有一点，就是要以这种快乐生活来衬托和对比文章后半部分所写的三味书屋枯燥的学习生活，以突出对封建教育的批判。这才是鲁迅写作的真正目的。我们知道，任何文章里的景物描写都要为表达一定的思想内容服务，单纯地为写景而写景，是毫无意义的。鲁迅这篇文章里的一切描写都是为表现主题服务的。课文里的这段景物描写在写作层次上是怎样安排的？

学生：首先用两个“不必说”引入一般景物介绍，然后用一个“单是”突出一段重点描写。前者由静态转入动态，由植物写到动物；后者则由动态转入静态，由动物写到植物。后者穿插了人物活动，前者没有。

教师：这样写就显得层次分明，行文富有变化，笔法不呆板。鲁迅在进行描写时，语言的运用上有什么特点？

学生：写植物时用形容词；写动物时多用动词，有时也用形容词。句子写得简洁、生动。

教师：鲁迅在运用这些描写手法时，做到了以下几点。（1）用词准确；（2）注意不同词语的正确搭配；（3）描写力求形象、鲜明、生动。这些都值得我们在写作文时学习。

二、《孔乙己》点拨教学设计

第一课时：自读 · 复读 · 练习 · 讨论

【导入性点拨】

鲁迅写过许多篇小说，《孔乙己》是他最喜欢的一篇。为什么鲁迅最喜欢《孔乙己》？今天，我们认真读一读这篇小说，好好研究一下这个问题。

1. 自读课文，思考和体会一下，这篇小说好在哪里？鲁迅为什么最喜欢它？

2. 在自读的基础上，熟悉故事情节，准备口头复述故事，并思考回答：文章题目为什么叫《孔乙己》？

3. 提出自己在阅读中存在的问题。

在学生自读课文（也可以在自读之后再听一遍课文朗读录音）的基础上组织学生口头复述课文故事，初步回答上述问题，可暂不下结论，引导学生进一步研究、分析和鉴赏课文。

【研究性点拨】

《孔乙己》是短篇小说，我们以前还学习过鲁迅的小说《一件小事》和《故乡》等，知道小说包含“三要素”：人物、故事情节和环境。我们在自读和复述的基础上已初步了解了《孔乙己》的人物、故事情节和环境。现在要求大家根据课文的具体内容，将课文分一分段，编写一份段落层次提纲，简要列出内容要点。参考提纲如下：

一、典型环境——孔乙己活动的环境（第 1—3 自然段）

1. 酒店 · 顾客 · 喝酒方式（第 1 自然段）

2. 伙计 · 接客 · 温酒（第 2 自然段）

3. 单调・无聊・孔乙己到店（第 3 自然段）

二、典型性格——孔乙己的遭遇和性格（第 4—13 自然段）

1. 孔乙己的经历、言行和地位（第 4—9 自然段）

2. 孔乙己的不幸遭遇（第 10—11 自然段）

3. 孔乙己的悲惨结局（第 12—13 自然段）

【鉴赏性点拨】

《孔乙己》是文学作品，我们在整体了解《孔乙己》所写内容的基础上，要重点研究鲁迅在这篇小说中是怎样塑造孔乙己这个人物形象的。作品是通过哪些描写来表现“典型环境中的典型形象”的？这是我们学习这篇课文要着重研究和讨论的问题。下面对作品的重点内容做文学鉴赏。

首先重点研究“典型环境”（课文第一部分）。

点拨同学们边读边思考，并讨论以下问题：孔乙己活动的社会环境有什么特点？这些环境描写反映出社会生活的哪些本质特征？作品描写的典型环境对刻画孔乙己的典型性格有什么作用？

在师生共同分析讨论的过程中，让学生逐步明确：课文开头三段主要描写孔乙己的活动场所，即人物活动的社会环境。作者着意写咸亨酒店这个环境，是有典型意义的。小说细致地描写了曲尺形的大柜台、温酒的方法、不同的吃酒方式等。通过这些描写，直观地展现了封建社会的许多本质特征，如阶级的对立（掌柜和学徒，短衣帮和长衣帮）、唯利是图的奸商思想（卖酒羼水）、势利的眼光（荐头情面大，辞退不得）、人与人之间冷酷的关系（大家没有好声气，以取笑孔乙己的不幸为快活）等。作者在不到五百字的篇幅里，展现了一个封建社会的缩影。这是有巨大的艺术概括力的。正是在这个“教人活泼不得”“单调”“无聊”的阴森森的环境中，“只有孔乙己到店，才可以笑几声”，这就衬托出孔乙己在小说中的突出地位，暗示着他的悲惨命运，为下文情节的展开埋下了伏笔。文章用一句“所以至今还记得”来承上启下，过渡到作品的第二部分——直接描写孔乙己的活动，在活动中展现其典型性格。小说结构紧凑，运笔自然，显示出鲁迅小说的写作艺术。作品的描写语言富有特色，很值得我们欣赏、体味。

第二课时：诵读 · 练习 · 讨论 · 作文

【鉴赏性点拨】（续）

在研究“典型环境”的基础上研究“典型性格”。

请同学们边读边思考以下问题：（1）孔乙己有哪些性格特点？具体表现在什么地方？作品是怎样描写的？（2）孔乙己的这种性格是怎样形成的？为什么具有典型性？典型性格同典型环境有什么关系？（3）作者的态度怎样？作品表达的主题思想是什么？

为引导和帮助学生分析人物，回答问题，鉴赏作品，教师点拨学生完成以下填表练习：

表一

描写内容	课文具体描写语句摘录	表现人物特点
人物外形整体描写		揭示人物的特殊身份
人物的肖像描写		揭示人物的不幸遭遇
人物的服饰描写		揭示人物懒惰而又死爱面子的特点
人物的个性化语言描写		揭示人物自命清高、迂腐不堪、自欺欺人的本质
人物的动作、神态描写		揭示人物追求功名的思想和心地善良的本质

表二

外貌和动作	第一次到酒店	中秋后到酒店	说明了什么
脸			
穿着			
喝酒的动作			

表一是人物形象和典型性格的描写分析简表，表二是人物形象对比描写分析简表。让学生从课文中摘取有关语句填入表中，这既是对学习方法的点拨，也是对学生鉴赏能力的培养。结合对填表练习的检查，让学生讨论和回答前述问题，这就是紧扣住作品的语言，从人物肖像、语言、动作、神态等多方面的描写分析中凸显人物的性格特点，帮助学生理解孔乙己的“典型性格”；再联系前面的“典型环境”讨论研究，学生就能更深刻地懂得孔乙己这一“典型环境”中的“典型性格”的悲剧意义。

【反馈性点拨】

点拨要点有三：一是孔乙己悲剧的社会根源与教育意义是什么？二是鲁迅对孔乙己的态度怎样？三是小说的主题思想应如何表达？讨论时让学生各抒己见，畅所欲言；教师相机点拨，略做补充，最后进行归纳：鲁迅对孔乙己的态度是“哀其不幸，怒其不争”。从作品中的描述可以看出，作家同情孔乙己被侮辱、被嘲笑的可悲命运；批判他死抱住封建腐朽的思想不放的错误态度，以及他自命清高、迂腐麻木等思想。其中，批判多于同情。但这种批判的矛头不仅是指向孔乙己，更主要的是指向造成孔乙己悲剧的病态社会。讨论之后，让学生归纳一下小说的主题思想，将其写在课文旁或笔记本上（具体表述文字不要求统一）。

【迁移性点拨】

根据《孔乙己》所描写的孔乙己的生活遭遇与性格特点展开合理的想象，运用小说的写作手法，构思合理的情节发展，写一篇想象作文，主要是描写孔乙己如何死去，题目为《孔乙己之死》。要求突出人物形象，深化原作品主题，有一定的思想意义。也可以另辟蹊径，异想天开，写一篇题为《孔乙己在新世纪________________》的想象作文，内容与主题思想自定。这是点拨学生结合阅读学习写作，练习写想象作文，实现读写能力的迁移与发展。

后记

徐赟

从大别山皖西南长江岸边，到江城芜湖，这条路永远镌刻在蔡澄清先生的记忆深处。如果说从凉亭河畔走出来的蔡澄清先生也是一条奔腾不息的长河，那么点拨法自然就是这条长河中溅出的一朵美丽的浪花。如果说毕生躬耕于中学语文教坛的蔡澄清先生犹如一头辛勤耕耘的老黄牛，那么点拨法自然就是他汗水和心血浇灌出的一个丰硕的成果。探寻与揭秘点拨法的前世今生，凸显蔡澄清先生作为当代中国语文教育家的人生历程与思想底色，意义深远。有幸应邀承担这个任务，我感到既光荣又艰巨。

“师者，所以传道受业解惑也。”在《乌以风传》出版后，有机缘与乌以风先生的高足蔡澄清先生合作其口述实录，其师道传承既久，借此良机更得以彰显，令人无比欣慰。采访蔡先生，既能全面了解先生的心路历程与卓越业绩，又能释疑解惑，尤其是先生那毕生追求的人格魅力、诲人不倦的崇高精神，令人油然而生敬意。

改革开放初期，中学语文点拨教学法犹如理想的号角，吹响了中学语文教学改革的最强音，也激励着我怀揣梦想，奋力行走在语文教学改革的田野上。这次重任在肩，何况要达到编委会提出的“高规格、高品质、高质量”要求，甚觉使命迫切、任务艰巨。生怕拘谨的提问，难以激起先生的谈兴雅趣；也怕笨拙的笔触，记述不准先生的人生风采与人格魅力；更怕疏浅的理解，参悟不透点拨法的博大精深……好在蔡先生儒雅可亲，诲人不倦，让我增添了信心。多一次聆听先生的口述，就多一点亲近他那平凡而又不平凡的心灵世界；多一遍翻阅先生的著述，就多一次丰盈自己贫瘠的头脑；多一眼品赏名家友人的往来函件，就多一回感悟老一辈教育名家的情怀……

我时常寻思着，在新一轮深化课程改革的进程中，语文教学改革不是微风吹皱一湖春水，而是海底烈火引发深层变革，定会带来全新的理念。那么中学语文教学何以四两拨千斤？点拨法，可谓使之拨千斤！因为点拨法一经问世便具有强大的生命力，在继承传统的基础上不断开拓创新，顺应现代科学和时代发展的潮流，呈现出鲜明的民族特色、科学特色和艺术特色。点拨法拨动的不仅是语文课堂教学，而且拨动了师生的心灵。点拨法的创立，已树起一面旗帜；点拨法的践行、传承与创新，定会青出于蓝，硕果满枝。

蔡先生精神饱满，侃侃而谈；陈军学兄拨冗作序，提升品位；丛书组委会顾问和主编悉心指导，精益求精；广西教育出版社战略谋划，力推精品。期望读者朋友从蔡先生娓娓道来的口述中探寻他永恒的师心，尽享“点拨”智慧的洗礼。

庄子曰“且夫水之积也不厚，则其负大舟也无力”，浅水自然是无力载起驶向大海的航船，只有筑牢自信的基石，才能乘风破浪，不断攀登教育事业的顶峰。我深信，蔡澄清先生在立德树人和中学语文教学改革中所做的一切，将在历史的长河中愈来愈彰显出应有的价值；蔡澄清先生创立的点拨法，也会在新时期新课改中焕发异彩！

因后学才疏学浅，访谈难免会挂一漏万，拙漏之处，祈盼赐教。

2020 年 7 月 30 日于天柱山麓

图书在版编目（CIP）数据

蔡澄清口述 ：点拨教学法的前世今生 / 蔡澄清口述；徐赟整理. -- 南宁 ：广西教育出版社，2020.12（2022.1 重印）
（当代中国语文教育家口述实录 / 任彦钧，刘远主编. 第一辑）
ISBN 978-7-5435-8859-2

Ⅰ. ①蔡… Ⅱ. ①蔡… ②徐… Ⅲ. ①语文教学—教育思想—思想史—中国 Ⅳ. ①H19

中国版本图书馆 CIP 数据核字(2020)第 240665 号

CAI CHENGQING KOUSHU
蔡澄清口述——点拨教学法的前世今生

项目策划：陆思成　刘朝东
项目统筹：周　影
责任编辑：钱泓宇　余金慧
装帧设计：璞　闾　杨　阳
责任校对：陆婬澄　覃肖滟　谢桂清
责任技编：蒋　媛

出 版 人：石立民
出版发行：广西教育出版社
地　　址：广西南宁市鲤湾路 8 号　　邮政编码：530022
电　　话：0771-5865797
本社网址：http://www.gxeph.com
电子信箱：gxeph@vip.163.com
印　　刷：广西民族印刷包装集团有限公司
开　　本：787 mm×1092 mm　1/16
印　　张：16.75
插　　页：4
字　　数：219 千字
版　　次：2020 年 12 月第 1 版
印　　次：2022 年 1 月第 2 次印刷
书　　号：ISBN 978-7-5435-8859-2
定　　价：42.00 元